Das ABC der Trauer

Thomas Achenbach

DAS ABC DER TRAUER

77 Impulse und Rituale für Trauernde

Patmos Verlag

VERLAGSGRUPPE PATMOS

PATMOS
ESCHBACH
GRÜNEWALD
THORBECKE
SCHWABEN
VER SACRUM

Die Verlagsgruppe
mit Sinn für das Leben

MIX
Papier | Fördert gute Waldnutzung
FSC® C083411

Die Verlagsgruppe Patmos ist sich ihrer Verantwortung gegenüber unserer Umwelt bewusst. Wir folgen dem Prinzip der Nachhaltigkeit und streben den Einklang von wirtschaftlicher Entwicklung, sozialer Sicherheit und Erhaltung unserer natürlichen Lebensgrundlagen an. Näheres zur Nachhaltigkeitsstrategie der Verlagsgruppe Patmos auf unserer Website www.verlagsgruppe-patmos.de/nachhaltig-gut-leben
Übereinstimmend mit der EU-Verordnung zur allgemeinen Produktsicherheit (GPSR) stellen wir sicher, dass unsere Produkte die Sicherheitsstandards erfüllen. Näheres dazu auf unserer Website www.verlagsgruppe-patmos.de/produktsicherheit. Bei Fragen zur Produktsicherheit wenden Sie sich bitte an produktsicherheit@verlagsgruppe-patmos.de

Dieses Werk wurde vermittelt durch Imke Rötger,
Agentur und Dienste für Autoren und Verlage, Freiburg.

2. Auflage 2026

Verlagsgruppe Patmos in der Schwabenverlag AG
Senefelderstr. 12, 73760 Ostfildern
www.patmos.de

Umschlaggestaltung: Finken & Bumiller, Stuttgart
Lektorat: Andrea Langenbacher, www.andrealangenbacher.de
Gestaltung und Satz: Schwabenverlag AG, Ostfildern
Druck: CPI books GmbH, Leck
Hergestellt in Deutschland
ISBN 978-3-8436-1462-7

Inhalt

Vorwort: A wie Anfang

Du hast gerade einen geliebten Menschen verloren – oder du kennst jemanden, dem das geschehen ist? Du suchst knappe und kurze Informationen, weil dir für lange Erklärungen gerade die Konzentration oder die Geduld fehlen? Dann bist du hier richtig. Herzlich willkommen!

Einen Menschen zu verlieren, ist schlimm. Ich möchte dir mein herzliches Beileid aussprechen. Es kommt aus tiefem Herzen. Für mich als zertifizierten Trauerbegleiter steckt in dem Wort Bei-leiden alles, was meine Tätigkeit ausmacht: Ich kann bei dir sein, ich kann dein Leid sehen, ich kann es würdigen und wertschätzen. Ich kann dir meine Unterstützung anbieten, ohne dir dein Leiden nehmen zu wollen. Denn es ist für Trauernde enorm wichtig, den ganz eigenen Weg zu finden – mitten durch den Schmerz hindurch. Dabei kann ich dir helfen. Ich schöpfe aus einer Quelle an Erfahrungen, die über die Jahre immer weiter strömt und mit immer neuen Erlebnissen aufgefüllt wird. Mit jeder Begleitung, jedem Vortrag, jedem Menschen, mit dem ich spreche, lerne ich dazu. Was Trauer angeht, lernen wir nie aus.

Als Trauerbegleiter treffe ich ständig auf Menschen, die einen Verlust erlitten haben. Vieles, was sie durchmachen, scheint sich zu ähneln, die individuellen Ausprägungen indes sind jedes Mal ganz anders. Trauer erlebt jeder Mensch anders. Deshalb ist es so wichtig, auf die jeweiligen Bedürfnisse der Trauernden einzugehen. Auch dazu möchte ich mit diesem Buch beitragen.

Das Buch ist in Stichworte gegliedert und alphabetisch geordnet, damit du leicht das Thema findest, das gerade für dich wichtig ist. Ich habe die Themen aufgenommen, von denen ich weiß, dass sie eine Rolle spielen können. Zu jedem Begriff findest du kurze Informationen und Erläuterungen sowie eine Anregung, was dir jetzt guttun könnte. Ich fasse mich bewusst kurz, weil vielen Menschen in einer Trauer- und Verlustkrise die Kraft fehlt, sich über einen längeren Zeitraum zu konzentrieren.

Du musst dieses Buch nicht chronologisch lesen. Weder beschreibt es einen Prozess, der für alle Menschen in der gleichen Reihenfolge verläuft, noch wird jedes Stichwort für dich eine Rolle spielen. Gedacht ist es als ein Nachschlagewerk. Möglicherweise begleitet es dich über einen längeren Zeitraum. Denn du wirst feststellen, dass dich zu Beginn deines Trauerweges andere Themen beschäftigen als nach einigen Monaten.

Wenn du gerade nicht persönlich von einem Verlust betroffen bist, aber jemandem in dieser Situation zur Seite stehen willst: Du findest hier zahlreiche Hinweise, was guttut, was du sagen kannst und was eher kontraproduktiv wäre.

Ich habe beim Schreiben die eher vertrauliche Du-Anrede gewählt. Dies ist selbstverständlich nicht despektierlich oder distanzlos gemeint, sondern vielmehr Ausdruck meines Wunsches, die Leserinnen und Leser in der ebenso intimen wie verletzlichen Situation der Trauer auf einer ganz persönlichen Ebene anzusprechen.

Ich bin davon überzeugt, dass alle Menschen den gleichen Wert haben, auch jenseits der Grenzen, die uns Geschlechterfragen auferlegen. Allerdings bin ich auch gelernter Schriftsetzer – und nach wie vor stolz auf diese erste absolvierte Berufsausbildung –, weswegen ich alle Versuche, die Gleichwertigkeit der Menschen durch Sterne oder Doppelpunkte mitten in Wörtern abzubilden, als krampfig und störend erlebe. Daher habe ich mich dafür entschieden, die männlichen und weiblichen Formen immer mal wieder bunt zu durchmischen – so bunt wie das Leben an sich, dem dieser Text gerecht werden soll.

Noch eine Anmerkung zum Begriff „Trauer- und Verlustkrise". Diese Formulierung verwende ich häufig, sie wird in der Fachwelt aber so nicht benutzt; ich habe sie selbst geprägt. Ich möchte damit etwas Wesentliches ausdrücken: Du magst mit deiner Trauer in einer Krise stecken, vielleicht sogar in der am längsten anhaltenden Krise deines Lebens, einer Krise, die nicht einfach „heilen" kann – aber wenn du lernst zu akzeptieren, dass es eine Krise ist, dann hast du bereits einen ersten großen Schritt aus der Krise heraus getan.

Darum geht es: um jeden einzelnen Schritt. Trauer ist ein Prozess, in dem es oft sehr langsam vorangeht. Auch Rückschritte gehören dazu. Doch sei gewiss: Du bist bereits auf deinem Weg. Es ist nicht wichtig, irgendwo anzukommen. Aber es ist wichtig, diese Reise bewusst zu gestalten. Ich freue mich, wenn ich dir dabei helfen kann.

Eines möchte ich gerne noch betonen: Du hast ein Grundrecht auf deine Trauer. Egal, was es ist; egal, wie lange es dauert; egal, was die anderen dir sagen; egal, ob du dich noch in der ersten Schockstarre befindest oder dein Verlust schon Jahre zurückliegt – ich möchte dich ermutigen, auf deinem Weg zu bleiben.

Nur dein Weg zählt.

Allein sein

Bestimmt fühlst du dich in deiner Trauer oft alleine – aber fühlst du dich auch einsam? Nimm dir einen kurzen Augenblick Zeit, um diese Frage aufzunehmen und deine Gedanken dazu ein wenig zu sortieren. Es gibt einen wesentlichen Unterschied zwischen dem Alleinsein und der Einsamkeit, der ich später ein eigenes Kapitel widmen werde (s. Seite 38). Zwar ist der Grat zwischen beiden manchmal schmal und es kann dir passieren, dass du binnen weniger Sekunden von einem Zustand in den anderen kippst. Doch für das Alleinsein gilt im Gegensatz zur Einsamkeit: Es hat eine gewisse Qualität – im positiven Sinne.

Alleinsein bedeutet, es mit sich selbst aushalten zu können. Ohne andere Menschen, ohne jede Ablenkung, ganz für sich sein zu können in der eigenen Stille. Dieser Zustand ist oft nur schwer zu erreichen – auch ohne Trauer. Doch auch Trauernde berichten manchmal von diesen merkwürdigen Augenblicken, in denen sich eine große Klarheit mit einem neu entdeckten Wert des Alleinseins verknüpft. Wer das spürt, erschrickt vielleicht darüber, da er sich dem verstorbenen Menschen gegenüber verpflichtet fühlt: Darf ich so empfinden, wo ich doch den Menschen oder die bis vor kurzem so selbstverständlichen Gegebenheiten, die jetzt nicht mehr da sind, vermissen sollte?

Wir können es so verstehen: In unserem Alltag gibt es immer weniger Inseln, in denen ein Alleinsein möglich ist, räumlich, zeitlich oder situativ. Familie, Arbeit, Menschen aus Nachbarschaft, Kolleginnen-, Freundes- oder Bekanntenkreis, tägliche Aufgaben, all das stellt Forderungen an uns, zerrt an uns, reißt an uns, will Aufmerksamkeit. Kaum wenden wir uns einer Aufgabe zu, bleibt zwangsläufig etwas anderes unberücksichtigt. Wenn dann der Tod eines Menschen in unser Leben tritt, kann es – nachdem wir alle nötigen Aufgaben für Trauerfeier, Beerdigung und Nachlass bewältigt haben – diese seltsamen Augenblicke einer neuen Stille geben, einer guten Stille. Wir können spüren, dass die tägliche Welt für uns weniger wichtig geworden ist, dass sich die Aufgaben unseres Lebens neu sortieren dürfen und ebenso unsere gesamte Lebenssituation. In diesen Momenten kann das Alleinsein wohltuend sein – oder es kann uns als neue Einsamkeit erschrecken. Beides ist möglich. Beides darf sein.

Mein Credo für den Weg der Trauer lautet: Es darf alles so sein, wie es sich einstellt. Du darfst es dir anschauen und es ausprobieren. Vor allem darfst du zulassen – ohne schlechtes Gewissen –, was sich gut für dich anfühlt.

Allein sein

Erinnere dich an deine Kindheit oder an die Zeit, nachdem du das Elternhaus verlassen hast. Gab es in diesen Lebensphasen Augenblicke eines guten Alleinseins? Kinder können manchmal viel besser als Erwachsene ganz mit sich alleine sein, es mit sich selbst gut aushalten. Gab es solche Augenblicke in deinem Leben? Kannst du ihnen nachspüren? – Wenn du dir einen Baum mit einem weit verzweigten und tiefgehenden Wurzelwerk vorstellst, das dich versorgt, und ihn vielleicht malst: Kann eine deiner Wurzeln den Namen Alleinsein tragen?

Alles aufheben

Gegenstände überdauern Menschen. Selten wird uns das deutlicher bewusst als in einer Trauersituation. Da kann es geschehen, dass ein Gegenstand, dem wir bisher kaum eine Bedeutung beigemessen haben, plötzlich wie magisch aufgeladen erscheint: Ein Teller oder ein Ring, selbst scheinbar Banales wie ein Kugelschreiber, mit dem wir den verstorbenen Menschen vielleicht oft haben schreiben sehen – alles kann plötzlich von einer neuen Bedeutung erfüllt sein. Wir verknüpfen diese Gegenstände direkt mit dem geliebten Menschen und es kommt uns vor, als dürften wir uns von ihnen nicht trennen, weil wir damit auch den Menschen wegwerfen würden (Kleidung spielt dabei eine besondere Rolle, deswegen erhält dieses Thema ein eigenes Kapitel, s. Seite 72).

Gegenstände können Auslöser für schmerzliche und kostbare Erinnerungen sein. Sie können lähmen oder eine Ressource sein. Sie eröffnen uns einen unmittelbaren Zugang zu unseren Erinnerungen. Und diese können uns, je nachdem, wo wir gerade stehen im Trauerprozess, regelrecht überfahren. Fotos beispielsweise können wir oft nur in homöopathischen Dosen an uns heranlassen, sonst wird es bald zu schmerzvoll. Zugleich sind sie wahre Schätze. Wenn sie uns an wertvolle Augenblicke erinnern, können sie uns Halt und Trost schenken.

Trauernde gehen mit den Dingen ihrer Verstorbenen ganz unterschiedlich um. Ich erlebe immer wieder zwei ausgeprägte Haltungen: Manche Menschen machen sich sofort nach dem Verlust ans Aufräumen und misten radikal aus, so, als wollten sie alles, was Erinnerungen wecken könnte, sofort verbannen. Andere lassen über Jahre alles genau so, wie es war. Beides ist Ausdruck der Überforderung, die eine Trauersituation mit sich bringen kann. Vor allem Eltern, die ein Kind verloren haben, befinden sich in einem Dilemma: Es fällt unsagbar schwer, all die noch vorhandenen Gegenstände auszuhalten, und genauso unerträglich ist die Vorstellung, sie wegzuwerfen.

Dinge überdauern Menschen. Und wenn die Menschen nicht mehr da sind, wollen wir wenigstens die Magie der Gegenstände bewahren. Das ist verständlich – und die Magie kann sich viele Jahre halten.

Umwidmen, selbst benutzen oder erstmal verstauen

Ein Fingerring des verstorbenen Menschen kann als Schmuckstück an einer Kette über oder unter der Kleidung getragen werden. So kann ein Gefühl der Nähe zu dem verstorbenen Menschen entstehen. Auf ähnliche Weise lässt sich wahrscheinlich aus fast allem etwas Neues zaubern, das Erinnerung und zugleich eine neue Benutzung ermöglicht. Vertraue dabei deiner Intuition mehr als den Ratschlägen anderer. Manche empfehlen immer noch, sofort alle Gegenstände wegzugeben. Doch damit beraubt man sich der Chance, dass sich der Schmerz beim Anblick eines bestimmten Gegenstands eines Tages in liebevolles Erinnern verwandelt.
Vielleicht magst du dir jeden Tag einen Gegenstand vornehmen und dich fragen: Kann ich ihn umwidmen? Will ich ihn selbst benutzen? Und wenn die Antwort nein lautet, dann wandert er vielleicht in eine Aufbewahrungskiste, deren Inhalt du Jahr für Jahr neu betrachten und bewerten kannst. Daraus könntest du sogar ein Erinnerungsritual entwickeln.

Anerkennung deiner Trauer

Deine Trauer möchte leben. Sie will wahrgenommen und ausgelebt werden. Sie will im Innen und Außen Räume bekommen, in denen sie sich entfalten kann. Sie ist manchmal wie ein kleines Kind, das nach dir schreit und erst dann – für kurze Zeit – Ruhe gibt, wenn du nach ihm gesehen hast.

Das Wichtigste für einen Menschen in einer Trauer- und Verlustsituation ist es, sich mit all seinen Gefühlen und Gedanken verstanden und angenommen fühlen zu können. Leider bleibt jedoch genau das den meisten Menschen verwehrt. „Meine Freunde und Verwandten verstehen mich nicht“, höre ich in meinen Begleitungen häufig. Es ist das Gemeinste, das dir in deiner Trauer passieren kann: dass andere Menschen dir deine Gefühle abzusprechen versuchen. Dass sie sich gar nicht erst bemühen zu verstehen, warum du überhaupt trauerst. Dass sie die Tiefe deiner Gefühle nicht verstehen können oder wollen. Vielleicht ist ihr Verständnis bereits nach kurzer Zeit aufgebraucht oder du hast das Gefühl, anderen mit deinen immer wiederkehrenden Themen auf die Nerven zu gehen (was übrigens in einem Trauerprozess ganz normal ist). Warum auch immer: Es wird viele Momente geben, in denen du dich nicht verstanden fühlst.

Deine Trauer braucht jedoch jede Anerkennung, die sie bekommen kann. Und du hast ein Recht auf deine Trauer und auf jedes Gefühl und jeden Gedanken, die damit verbunden sind.

Deine Freundinnen und Freunde, deine Familie, deine Kolleginnen und Kollegen, deine Nachbarn – sie alle haben allerdings ihren ganz eigenen inneren Wertekanon, der ihnen sagt, welche Trauer „in Ordnung“ ist und welche nicht. Leider gibt es viele Formen von Trauer, die gesellschaftlich oft aberkannt werden: etwa die Trauer um einen früheren oder „inoffiziellen“ Partner, um einen sehr alten Menschen, um Haustiere sowie Trauer nach einer Totgeburt, einer Abtreibung oder bei nicht-erfülltem Kinderwunsch. Das Phänomen der nicht anerkannten Trauer ist längst Gegenstand der Wissenschaft und unter dem Stichwort „Disenfranchised Grief" von dem Psychologen Kenneth J. Doka erforscht worden.[1] Doka sagt, dass viele Formen der Trauer irgendeine Form der Aberkennung erfahren – das kann schon innerhalb einer Familien geschehen, für die nach einem Todesfall gilt: Man mag den gleichen Verlust erfahren haben, aber nicht die gleiche Trauer.

Ebenso wichtig ist, dass du dir selbst deine Trauer zugestehst. Falls dir dein eigenes Wertekonzept dabei im Weg steht, erinnere dich daran: Du hast jedes Recht auf deine Trauer.

Worauf ich ein Recht habe

Wann und wo hast du schon erlebt, dass dir deine Gefühle nicht gegönnt wurden? Schreibe diese Momente auf und beginne jeden Satz mit: „Ich habe ein Recht auf …" Das muss sich nicht auf deine Trauer beschränken, aber du kannst den größten Fokus darauf legen.

Angst

Trauer und Angst sind wie Geschwister und treten oft zusammen auf. Ist ein dir nahestehender Mensch gestorben, können in deinem Inneren viele Ängste aufsteigen. Sie können sich als leises Unbehagen ähnlich einem weit entfernten Donnergrollen an einem schwülen Sommertag äußern oder dich in Form von Panikattacken überkommen – und das kann auch Menschen passieren, die nie zuvor mit Angstattacken zu tun hatten. Nicht selten trifft es gerade diejenigen, die sich zuvor als eher stark erlebt haben. Meist ist es ein diffuses Gemenge aus ganz verschiedenen Ängsten, das sich wie eine einzige, gewaltige innere Angst anfühlt.

Dass mit der Erfahrung des Todes die Angst einzieht, ist eine natürliche menschliche Regung. Denn mit jedem Tod eines Menschen stirbt ein Stück unseres Urvertrauens. Der Tod ruft uns unvermittelt ins Bewusstsein, wie verletzlich wir sind. Wir selbst ebenso wie alle anderen um uns herum. Wir haben kein Vertrauen mehr in die Welt, sehen Gefahren, wo wir zuvor keine gesehen haben. Das weckt Ängste in uns. Allen voran die Angst vor dem eigenen Tod, aber auch die Angst um das Wohl unserer Lieben.

Bei vielen Menschen löst der Tod eines geliebten Menschen einen Schock aus, der sie in Kontakt mit einer ungewohnten und umfassenden Ungewissheit bringt. Das Lebensfundament, auf dem sie standen, kann zerbrechen. Angst vor dem Alleinsein oder vor der Einsamkeit kann sich noch dazugesellen.

Manchmal können deine Ängste der direkte Zugang zu den dunklen und schmerzhaften inneren Anteilen – ich sage gern: zum Grund deines Dunkelbrunnens – sein. Und wie die Kinderbuchfigur Alice fällst du tief hinein ins düstere Wunderland. Dann verzweifle nicht. Es gibt Wege, die wieder heraus führen, auch wenn es Zeit braucht. Und wie bei der Trauer gilt auch bei der Angst: Es gibt kein Patentrezept, keinen Königsweg, der für alle gleich wäre. Versuche herauszufinden, was dir hilft und gut tut.

Erste Hilfe gegen Ängste

Die sogenannte 4-7-8-Atmung ist eine rhythmische Atemtechnik, die das Nervensystem beruhigend beeinflusst und deshalb auch bei akuten Panikattacken hilfreich sein kann: Du zählst bis vier, während du durch die Nase möglichst ruhig und langsam einatmest. Dann hältst du den Atem an und zählst von eins bis sieben. Danach atmest du acht Sekunden lang durch den Mund aus. Und dann wieder von vorne: vier Sekunden einatmen, sieben Sekunden die Luft anhalten, acht Sekunden ausatmen. Wiederhole diese Abfolge, bis deine Aufregung sich ein wenig legt.

Eine weitere Strategie gegen Ängste ist, sich nicht gegen sie zu wehren. Betrachte die Angst stattdessen als etwas, das dich seelisch weiterbringen möchte – so wie du auch die Trauer als etwas sehen kannst, das nicht einfach „weggemacht" werden sollte, da sie letztlich hilfreich für dich sein wird.

Appetit und Appetitlosigkeit

Entweder nichts mehr essen können oder viel zu viel in sich hineinstopfen. Das sind zwei häufige Reaktionen im Trauerprozess.

Nichts schmeckt mehr so richtig, sagen die einen. Andere haben das ständige Gefühl, dass die Kehle wie zugeschnürt ist und nichts durch sie hindurchpasst. Wenn Trauernde von starken Ohnmachtsgefühlen überwältigt werden, erleben sie schon das Bewegen der Kaumuskulatur als eine körperliche Anstrengung, für die die Kraft fehlt.

Vor allem aber ist es der Verlust des gewohnten Miteinanders, der einem das Essen verleiden kann: Wenn am Tisch der Platz gegenüber leer bleibt, wenn statt angeregter Gespräche während des gemeinsamen Essens jetzt machtvolles Schweigen den Raum füllt, wenn diese grauenvolle Leere, die sich gerade am Esstisch so aufdringlich bemerkbar macht, schier nicht auszuhalten ist, dann schmeckt es einfach nicht. Und wozu überhaupt Essen zubereiten? Warum aufwändig kochen, wenn man doch nur für sich selbst kocht? Auch der Wocheneinkauf, der bislang gemeinsam erledigt wurde, kann jedes Mal wieder die neue Leere im Leben bewusst machen. Das Argument „Weil du es dir selbst wert sein kannst und weil du dann deinen Selbstwert wieder neu entdecken lernst“ verfängt nicht immer, denn es spricht den Kopf und nicht das Gefühl an.

Hinzu kommt: Eine Trauersituation bedeutet Stress für Seele und Körper und die Appetitlosigkeit kann auch daher rühren.

Wenn andererseits Essen zu einer Art Sucht wird, dann liegt das häufig daran, dass sich die Seele Trost sucht. Beim übermäßigen Essen geht es meist darum, das entstandene Loch aufzufüllen, als unbewusste Reaktion auf den Tod.

Für trauernde Männer werden übrigens immer wieder Kochgruppen angeboten – und dieses Angebot wird gerne genutzt. Auch wenn sich heute viele Paare ihre Arbeiten im Haushalt aufteilen und es durchaus Männer gibt, die sehr gut kochen können, übernehmen doch meistens die Frauen die alltägliche Versorgung mit gutem Essen. Deshalb stehen Männer, die ihre Lebensgefährtin – oder einen anderen Menschen – verloren haben, oft ratlos in der Küche oder haben keine Lust zum Einkaufen, Schnippeln oder Köcheln. Gemeinsam mit anderen Männern, die sich in einer ähnlichen Situation befinden, klappt das besser.

Den Tagesrhythmus neu planen

Bei Appetitlosigkeit können feste Essenszeiten hilfreich sein. Wer es gewohnt war, zu essen, wenn der Appetit kam, der isst natürlich auch nicht mehr, wenn dieser ausbleibt. Dann ist es sinnvoll, dir feste Zeiten für deine Mahlzeiten einzuplanen, denn so machst du dir die Disziplin zur Partnerin. Und wie bei allen körperlichen Reaktionen hilft es auch bei Appetitverlust, dich häufig im Freien zu bewegen und viel UV-Licht zu tanken. Bei anhaltendem Gewichtsverlust solltest du aber unbedingt deine Ärztin oder deinen Arzt aufsuchen! Auch wenn umgekehrt das Essen bei dir eine immer größere Rolle spielt, können beide Strategien gegensteuern, doch wenn es suchtartige Züge bekommt, solltest du ebenfalls medizinischen Rat einholen.

Arbeitsunfähigkeit

Ob du nach einem Trauerfall arbeiten gehen kannst oder nicht, hängt zunächst einmal von dir selbst ab und von der Frage, ob du arbeiten gehen *willst*. Da gibt es, wie bei allem in der Trauer, keine allgemeine Grundregel.

Doch auch wenn du dich in der Lage fühlst zu arbeiten, kann deine Arbeitsfähigkeit eingeschränkt sein. Das gilt vor allem für die allgemeine Konzentrationsfähigkeit. Einer der wichtigsten Gründe, warum ich dieses Buch in Form von kurzen Informationshäppchen geschrieben habe, ist, dass mir Trauernde immer wieder berichten, wie wenig sie sich konzentrieren können. Textlastige Bücher zu lesen, gelingt vielen in der Trauer nicht mehr. Entweder fehlt die Kraft oder die innere Unruhe ist zu groß, um sich auf lange Texte konzentrieren zu können.

Oft steht die Frage im Raum, ob man sich wegen Trauer nicht auch „krankschreiben“ lassen könne. Weil das eine der Fragen ist, die mir am häufigsten gestellt werden, habe ich diesem Thema ein eigenes Kapitel gewidmet. Vorerst gilt es festzuhalten: Ja, es kann sein, dass deine Arbeitsfähigkeit nach einem Trauerfall eingeschränkt ist, es muss aber nicht so sein.

Ich spreche im Kontext von Trauer bewusst nicht von „Symptomen“, denn das vermittelt den Eindruck, dass mit Trauernden etwas nicht stimmt. Dem ist aber nicht so. Du wirst deine Trauer vielleicht als einen Ausnahmezustand erleben, aber sie ist dennoch eine ganz normale Reaktion auf den Verlust eines geliebten Menschen. Sprechen wir also besser von „Reaktionen“, die du haben kannst, wenn du einen für dich schweren Verlust erleidest – und diese Reaktionen fallen sehr unterschiedlich aus. Manche Menschen reagieren heftig, andere wiederum bleiben ruhig und gelassen. So gibt es durchaus Menschen, denen es guttut, wenn sie arbeiten können, weil sie ihr Arbeitsumfeld als wohltuend erleben und weil jede Form von Alltäglichkeit stabilisierend wirkt.

Unruhe, Rastlosigkeit, Gereiztheit, Wut, ein Mangel an Konzentrationsfähigkeit, der Wunsch, nichts mit anderen Menschen zu tun haben zu müssen, große Müdigkeit – das sind nur einige der Reaktionen, die auftreten können, aber nicht müssen. Je nachdem, was du erlebst und in welchem Maß, tut es gut zu arbeiten oder eben nicht.

Was alles von mir verlangt wird

Selten machen wir uns Gedanken darüber, welche Anforderungen unsere Berufstätigkeit wirklich an uns stellt. Wir bringen viel mehr ein als die rein fachlichen Anforderungen, ohne dass uns das bewusst ist: Arbeiten in einem Großraumbüro, der stete Kontakt mit Menschen (Kundinnen genauso wie Kollegen), der gewisse Umgangsformen verlangt, die Ablenkungen …
Erstelle dir eine Liste aller Anforderungen, die deine Berufstätigkeit an dich stellt, und definiere zu jedem Punkt auf einer Skala von 1 (gering) bis 10 (hoch), wie sehr dich die jeweilige Anforderung belastet. So wird für dich anschaulich, was dich stresst und was dir guttut und ob du arbeiten gehen möchtest oder noch nicht.

Aushalten

Trauer verlangt von uns Menschen etwas beinahe Unmenschliches: auszuhalten, was eigentlich nicht auszuhalten ist. Die inneren Schmerzen, die Sehnsucht nach dem verstorbenen Menschen, die Verzweiflung und Mutlosigkeit – Gefühle wie diese können an den düsteren Tagen überhandnehmen. Da gibt es keinen Trost, da gibt es nur einen Weg – und der ist oft auch das Einzige, was wirklich helfen kann: mitten hindurch. Aber nicht etwa Augen *zu* und durch, sondern: Augen *auf* und durch. Vielleicht geht es dir wie vielen anderen Trauernden und du wartest jeden Tag darauf, dass du die Umstände und deine Schmerzen endlich besser aushalten kannst. Vielleicht hast du die Hoffnung, es müsste sich irgendwann mal etwas verändern im Inneren.

So oder so: An unserer Fähigkeit des Aushaltens können wir arbeiten, es muss nichts sein, das sich passiv in uns ereignet. Denn Aushalten kann ein seelischer Muskel sein, der sich trainieren lässt. Wie bei jedem untrainierten Muskel sind Bewegungen anfangs anstrengend und zaghaft – und verbunden mit dem Gefühl, es niemals zu schaffen. Du denkst vielleicht: „Das werde ich niemals ertragen können!" Aber mit zunehmender Übung gibt es doch immer mehr Stunden oder Tage, an denen du staunend feststellst: Ich habe sie ertragen. Und wie bei jedem Training ist es eine Sache der Tagesform – in einem Trauerprozess darf diese auch mal schlecht oder sogar noch schlechter sein.

Es kann wichtig sein, sich das zuzugestehen und sich selbst nicht unter Druck zu setzen. Trauer kann den gesamten Seelenraum auskleiden. Die Veränderungen in deiner Fähigkeit, aushalten zu können, mögen minimal sein, so klein, dass sie kaum wahrnehmbar sind. Doch aus diesen Mini-Bewegungen im Inneren kann mehr werden. Du brauchst Geduld. Und wenn du eines Tages einen Blick auf die Wegstrecke werfen kannst, die du schon zurückgelegt hast, kann es sein, dass die Summe der Stunden, in denen die Schmerzen doch aushaltbar waren, größer ist als gedacht.

Besonders schwer mit diesen Prozessen tun sich oft die Männer: Je nachdem, welcher Generation ein Mann angehört und wie er erzogen wurde, kann es vorkommen, dass er sich besonders verbeißt in das Gefühl „Das werde ich schon noch irgendwie aushalten“. Dann kann es hilfreich sein, einen Blick in die eigene Biografie zu wagen: Bin ich mit Sprüchen aufgewachsen wie „Ein Indianer kennt keinen Schmerz“? Habe ich Vorbilder erlebt, die ihre eigene Hilflosigkeit ins Wort bringen konnten – oder wurde eher geschwiegen? Es gibt einen Unterschied zwischen „irgendwie aushalten“ und „bewusst aushalten“ – er liegt darin, sich das Leid zuzugestehen.

Mein Seelenschmerzprotokoll

Schmerzpatienten erhalten oft die Aufgabe, ihre täglichen Beschwerden genau zu protokollieren. Genauso kannst du deine Trauerschmerzen festhalten. Frage dich jeden Tag ganz bewusst, vielleicht am Abend vor dem Schlafengehen: Was habe ich heute alles ausgehalten, wie viel Schmerz und Irritation, wie viele Sorgen und Ängste? Wie heftig hat es mich innerlich umgetrieben?

So entwickelst du ein feines Sensorium für deine inneren Prozesse. Überlege dir eigene Symbole für deine tägliche „Messung" und gestehe dir viel Zeit zu. Manchmal braucht es mehrere Monate, bevor sich – vielleicht – kleine Veränderungen im täglichen Schmerzerleben zeigen.

Bedürfnisse

„Auch deine Nerven haben Bedürfnisse." – Diese einprägsame Formel ist mir immer präsent. Ich weiß nicht, von wem sie stammt; ich habe sie im Zusammenhang mit der von Marshall Rosenberg entwickelten „Gewaltfreien Kommunikation" (GFK) kennengelernt. Rosenberg geht davon aus, dass sich hinter jedem gefühlten Mangel, hinter jedem geäußerten Vorwurf unerfüllte eigene Bedürfnisse verstecken, die es zu entschlüsseln gilt. Denn unsere Bedürfnisse sind nach dem Verständnis der GFK der direkte Weg zu neuer Lebensfreude.

Auch in der Trauer gilt: Deine Bedürfnisse werden sich oft nicht direkt zeigen. Doch sie können sich beispielsweise hinter dem glühenden Neid verbergen, den du gegenüber denen verspürst, die keinen Todesfall erleben mussten, hinter deiner Wut über die Ungerechtigkeiten dieser Welt oder hinter einem Gefühl allgemeiner Erschöpfung. Hinter all dem kann ein neues Grundbedürfnis stecken, das nach Erfüllung verlangt: dass deine Trauer gesehen und anerkannt wird.

Wenn du in eine Trauer- und Verlustkrise gerätst, können sich deine Bedürfnisse radikal verändern. Das gilt auch für die Grundbedürfnisse wie Hunger und Durst, die zu erfüllen dir in der ersten großen Betroffenheit schwerfallen kann. Das Bedürfnis nach Sicherheit scheint plötzlich gar nicht mehr erfüllbar zu sein, da der Tod eines dir nahestehenden Menschen dein Urvertrauen schwer erschüttern kann. Auch dein Bedürfnis nach menschlichen Kontakten ist betroffen, weil sich dein persönliches Umfeld vielleicht neu sortiert. Und, und, und …

Und ja, auch deine Nerven haben Bedürfnisse. Sie brauchen Phasen der Regeneration, genauso wie dein Körper und deine Seele.

Es ist also wenig erstaunlich, dass sich aus der Vielzahl unerfüllter Bedürfnisse eine ungewohnte Bedürftigkeit entwickeln kann: Zumindest in der ersten Zeit nach einem Verlust fühlen sich viele Trauernde wieder so bedürftig wie ein Kind. Deswegen werden wir im nächsten Kapitel einen genaueren Blick auf das Thema Bedürftigkeit werfen.

Was ich brauche

Der amerikanische Psychologe Abraham Maslow hat menschliche Bedürfnisse in einer Pyramide angeordnet, die zeigt, was Menschen im Allgemeinen brauchen und in welcher Reihenfolge: Ganz unten stehen die Grundbedürfnisse wie essen, trinken, versorgt sein usw., weiter oben kommen sekundäre Bedürfnisse: Kontakte, Selbstverwirklichung … Male dir einmal deine eigene Pyramide auf. Wie sieht sie aus? Was steht für dich oben, was unten? Entdeckst du neue Bedürfnisse? Wie äußern sie sich? Wirf in den kommenden Monaten immer wieder einmal einen Blick auf deine Pyramide und frage dich: Gibt es Veränderungen? Du kannst immer wieder deine jeweils für dich stimmige Pyramide zeichnen.

Im Buddhismus gibt es die Idee von „Metta", was so viel bedeutet wie „bedingungslose Liebe" oder Mitgefühl. Und es macht nach buddhistischem Verständnis keinen Unterschied, ob es sich dabei um Mitgefühl für sich selbst oder für andere handelt. Im Gegenteil: Der erste Schritt ist, sich selbst reines Wohlwollen entgegenzubringen. Das darfst du dir gönnen: viel Mitgefühl für dich selbst.

Bedürftigkeit

„Ich fühle mich wieder so bedürftig wie ein kleines Kind“, erzählte mir ein verwaister Vater, den ich auf seinem Trauerweg begleiten durfte. – Ja, Trauer macht bedürftig, Trauer weckt tiefe Sehnsüchte, die unmittelbar mit der Kindheit verknüpft sein können: das Bedürfnis, getröstet und gehalten zu werden, die Welt erklärt zu bekommen.

Die inneren Erschütterungen können so groß werden, dass uns Leitfiguren, wie es vielleicht die Eltern oder andere, selbst gewählte Ersatzpersonen einmal für uns gewesen sind, schmerzlich fehlen. Denn unser Urvertrauen wird in Mitleidenschaft gezogen, wenn wir mit dem Tod zu tun haben. Möglicherweise wird es sogar zerstört.

Was uns dann fehlt, ist das, was allgemein als „mütterlich“ bezeichnet wird: eine bedingungslose Zuwendung, die wir als Kind vielleicht erfahren durften. Je verlorener du dich fühlst, je größer deine Einsamkeit wird, desto größer kann deine Bedürftigkeit werden. Das erschreckt dich möglicherweise, zumal es in einer Trauersituation ja keinen wirklichen Trost gibt, sondern höchstens Verständnis für dich und deine Lage.

Der Tod ist – neben dem Leben an sich – die gewaltigste Urkraft, die es im Universum gibt. Kein Wunder, dass wir uns winzig klein und unbedeutend vorkommen, wenn wir direkt mit ihm konfrontiert werden.

Und wie Kinder unablässig Neues lernen müssen, so beginnt dann ein neuer Lernprozess für uns. Und dieser bringt Bedürftigkeit mit sich – an manchen Tagen kaum spürbar, an anderen jedoch sehr stark ausgeprägt. Das darf sein. Erinnere dich dann daran: Trauer kann uns wieder zu Kindern werden lassen. Dann wollen wir einfach nur „auf den Arm“, ohne dass wir dafür etwas leisten müssen.

Bei Männern in Trauer kann diese hohe Bedürftigkeit noch eine weitere Auswirkung haben, die nicht alle auf den ersten Blick verstehen. Dann steht die Frage im Raum: Warum hat er so schnell wieder geheiratet? Ich kenne Männer, die schon sehr bald nach dem Verlust ihrer Partnerin oder ihres Partners eine neue Beziehung eingegangen sind. Für die Hinterbliebenen kann das schockierend sein und Kinder erleben eine rasche neue Bindung oft als Abwertung des verstorbenen Elternteils. Darin steckt ein enormes Kränkungs- und Verletzungspotenzial. Oft führt die Bedürftigkeit, die Sehnsucht nach dem Mütterlichen die Männer dazu, sich schnell wieder neu zu binden – ganz abgesehen davon, dass nicht wenige Männer einfach nicht wissen, wie ein Haushalt zu führen ist. Kochen, bügeln, in den Urlaub fahren: In Männer-Trauergruppen werden auch diese Themen besprochen.

Was stärkt mich?

Falls du beim Stichwort „Allein sein" einen Baum mit Wurzelwerk gemalt hast, schau dir das Bild wieder an – oder stelle dir jetzt ein solches Wurzelwerk vor. Welche Wurzeln haben dich auf deinem Weg vom Kind zum Erwachsenen in deinem Ur- und in deinem Selbstvertrauen gestärkt? Welche Wurzeln sind eher von deinen Eltern angelegt worden, welche hast du selbst ausgestreckt? Welche Wurzeln haben dich mit welcher Energie versorgt? Vielleicht hilft dir der Gedanke, dass nicht alle deine Wurzeln gekappt sind: Welche sind noch da und versorgen dich weiterhin?

Bestattung, Beisetzung, Beerdigung

Die drei Begriffe Bestattung, Beisetzung und Beerdigung haben jeweils eine eigene Bedeutung, doch die meisten nutzen einfach denjenigen, der ihnen vertraut ist.

Mit Beerdigung ist der Vorgang gemeint, einen Körper in der Erde zu begraben, wobei dieser Körper in einem Sarg liegen kann, wie es in Europa zumeist der Fall ist, oder in einem Leichentuch, wie es in den muslimischen Traditionen üblich ist. Die Beisetzung beschreibt den Vorgang des Einsetzens einer Urne, eines Sarges oder des Leichentuchs in die Erde. In den Bestattungswäldern beispielsweise finden ausschließlich Beisetzungen von Urnen statt, aber keine Beerdigungen.

Die Bestattung ist der Oberbegriff für die verschiedenen Möglichkeiten und schließt auch die Trauerfeier und das Drumherum mit ein. Deshalb heißen die Fachleute, die sich darum kümmern, Bestatter oder Bestatterin.

Wie und an welchem Ort der oder die Verstorbene bestattet wird, kann für die Hinterbliebenen eine schwierige Entscheidung sein. Häufig sind aber auch die Bedürfnisse der verstorbenen Person bekannt.

Für deinen Trauerprozess kann es wichtig sein, den konkreten Ort zu kennen, an dem der Mensch bestattet ist, um den du trauerst. Falls er dir nicht bekannt sein sollte, weil die gestorbene Person oder die Gemeinschaft der Hinterbliebenen sich z.B. für eine anonyme Bestattung entschieden hat, ist es gut, wenn du für dich alternative Trauerorte findest.

Weil du jetzt Zeit hast, dieses Buch zu lesen, nehme ich an, dass die Wahl bereits getroffen wurde oder du sie nicht beeinflussen kannst. Deswegen stelle ich im Folgenden einige Rituale vor, die nun guttun können.

Wie du das Grab gestalten kannst

- Du kannst, sofern du handwerklich begabt bist und über die notwendige körperliche Kraft verfügst, den Grabstein oder ein Grabkreuz selbst gestalten. Das ist nicht überall möglich, aber du solltest dich jedenfalls danach erkundigen, wenn es dir und den anderen Nahestehenden ein Anliegen ist.
- Du kannst deine Tränen sichtbar machen, indem du dir Glasperlen, Murmeln oder kleine Steine besorgst, die deine geweinten und ungeweinten Tränen symbolisieren. Wenn du eine kleine Schale am Grab aufstellst, kannst du bei jedem Besuch eine Perle oder Murmel in die Schale hineintun – und erleben, wie sich die Schale füllt. Dies ist auch ein sehr schönes Ritual für eine Trauerfeier.
- Zunehmend setzt sich im deutschsprachigen Raum ein Brauch durch, der aus der Tradition des Judentums stammt: Beim Besuch am Grab werden kleine Steine auf den Grabstein gelegt, um die Trauer und das Gedenken an den gestorbenen Menschen sichtbar zu halten.
- Bepflanze das Grab, sofern das erlaubt ist, selbst mit Pflanzen, die etwas symbolisieren oder eine Brücke zwischen dir und dem verstorbenen Menschen schaffen – beispielsweise Blumen, die dieser Mensch gerne mochte. Durch die Pflege der Pflanzen kümmerst du dich symbolisch weiterhin um den Menschen, den du verloren hast. Wenn andere Nahestehende ebenfalls das Bedürfnis haben, könnt ihr euch abwechseln; hier sind gute Absprachen wichtig, damit es nicht zu Verletzungen kommt.

Bewegung

Oft schildern Hinterbliebene ihre erste Reaktion auf den Tod eines geliebten Menschen mit Worten wie: „Ich war wie gelähmt." Selbst wenn sich die anfängliche Schockstarre allmählich wieder löst, bleibt häufig weiterhin ein Gefühl der Lähmung – und es kann hartnäckig sein. Wenn du dich so fühlst, ist es wichtig, dass du äußerlich in Bewegung kommst. Denn Bewegung findet immer äußerlich und innerlich statt. Was sich innerlich unbeweglich anfühlt, kann durch körperliche Aktivität neu in Schwingung gebracht werden. Du hast bestimmt schon einmal erlebt, dass dir beispielsweise bei einem Spaziergang plötzlich die Lösung für ein Problem einfiel. In Bewegung zu kommen muss keine große Anstrengung sein, kein Gewaltmarsch, kein intensives Fitnesstraining. Kleine regelmäßige Spaziergänge reichen vollkommen aus. Dadurch bringst du deine Trauer in Bewegung und rüttelst an deiner Lähmung.

In manchen Regionen gibt es Angebote für Trauernde, die dieser Idee Rechnung tragen, etwa meditatives Tanzen oder gemeinsames Wandern. Einer meiner Träume ist es, eines Tages eine Trauergruppe in einem Fitnessstudio anzubieten.

Während der Coronapandemie habe ich mir angewöhnt, Einzelbegleitungen nach draußen zu verlagern. Ich gehe gerne mit dem oder der Trauernden im Wald spazieren oder wir setzen uns auf eine Parkbank. Schon allein draußen zu sein tut gut. Schließlich dringt selbst durch trübe Regenwolken noch viel UV-Licht und das wirkt sich positiv auf den Körper und auf die Seele aus. Ein Spaziergang im Freien hellt eine verdüsterte Seele immer ein wenig auf. Zu gehen vermittelt einem trauernden Menschen zudem das Gefühl, auf dem Weg zu sein – auf dem persönlichen Trauerweg. Und genau dort sind Trauernde ja richtig.

Selbstwirksamkeit durch Bewegung

Mag die Lähmung noch so groß sein, mögen Ohnmacht und Hilflosigkeit einen noch so fest umklammert halten: Sofern du keine starken körperlichen Einschränkungen zu erdulden hast, kannst du dich jedenfalls ein bisschen bewegen. Darin steckt eine große Kraft, denn die Bewegung kann dich wieder in die Selbstwirksamkeit zurückbringen. Selbstwirksamkeit entfaltet sich im Kleinen, nicht im Großen. Um dem unerträglichen Gefühl der Ohnmacht entgegenzuwirken, suchen wir uns eine Tätigkeit, in der wir uns als wirksam erleben können. Nichts Großes. Einfach nur ein bisschen draußen gehen, ein bisschen Fahrrad fahren. Vielleicht tust du es sogar bei Wind und Wetter und setzt dich damit, wie in deiner Trauer, auch unwirtlichen Kräften aus. Auch wenn deine Welt auf dem Kopf steht: Du kannst einen Schritt vor den anderen setzen. Parallel kannst du dich darin üben, die Welt da draußen allmählich wieder an dich heranzulassen, indem du sie Stück für Stück wieder wahrnimmst. Sei dabei behutsam mit dir. Denn das ist bei der seelischen Krise, die du zu bewältigen hast, alles andere als trivial.

Dauer

„Ich komme da einfach nicht drüber weg“, höre ich oft von Trauernden. Und: „Das muss doch irgendwann mal besser werden.“ Sie sind verwundert darüber, wie ihnen auch nach Monaten oder Jahren zumute ist und wie hartnäckig ihre Reaktionen auf den Tod eines Menschen sie beschäftigen. Wie lange darf Trauer überhaupt dauern? Ist es normal, wenn sie über einen so langen Zeitraum anhält? So viele Monate? So viele Jahre? Solche Fragen stehen oft im Raum, wenn sich Menschen mit Gefühlen konfrontiert sehen, für die sie noch keine Erfahrungswerte haben.

Umgekehrt halten andere ihre Trauerreaktionen für nicht stark genug und fragen sich: War es das schon? Müsste das nicht schmerzvoller sein?

Meine Antwort auf diese Fragen ist immer gleich: Trauer ist ein hochindividueller Prozess. Jede Trauer ist anders, zeigt sich anders, geht mal tiefer, mal weniger tief. Je nach Art des Verlusts, je nach Erfahrungen und der Qualität der Beziehung zum verstorbenen Menschen ist auch der auf den Tod folgende Prozess unterschiedlich.

Nur eine Sache ist meistens gleich: Das erste Jahr nach dem Todesfall kann eine wichtige Rolle spielen. Denn in diesem ersten Jahr durchlaufen Trauernde zum ersten Mal einen Zyklus, der sie mit vielen neuen Erfahrungen konfrontiert: der erste Geburtstag des verstorbenen Menschen ohne ihn, Ostern, Weihnachten, Namenstag und so weiter, bis hin zum ersten Todestag.

Viele Hinterbliebene hoffen, dass der Schmerz nach diesem furchtbaren ersten Jahr seine Intensität verliert. Das kann durchaus so sein, muss es aber nicht. Und selbst wenn der Schmerz seine Kraft verliert, kann das in so homöopathischen Dosen geschehen, dass du es vielleicht gar nicht bemerkst.

„Eines habe ich bei Ihrem Vortrag begriffen: Was meine Trauer angeht, bin ich ein Lehrling im ersten Lehrjahr,“ meinte ein Zuhörer nach meinem Vortrag über Männer und Trauer. Ich war ihm dankbar, dass er so mutig war, das vor dem gesamten Publikum zu sagen. In seiner Aussage liegt viel Weisheit: Eine Berufsausbildung dauert mehrere Jahre, auf die viele Jahre weiterer Qualifizierungen folgen – so ist das auch in der Trauer.

Trauer darf so lange dauern, wie sie eben dauert. Ob kurz oder lang, das ist egal. Solange du dich nicht über viele Monate so komplett gelähmt fühlst, dass eine Rückkehr in einen irgendwie gestalteten Alltag unmöglich ist, ist das ein ganz normaler Prozess.

Und so richtig „ausgelernt“ – ist am Ende keiner.

Meine Lehrjahre

Bei einer klassischen Berufsausbildung in Deutschland muss nach eineinhalb Jahren eine Zwischenprüfung und nach drei Jahren eine Abschlussprüfung absolviert werden. Der Trauerprozess ist ebenfalls ein Lernprozess. Gehe ihn einfach mit, so wie er sich gestaltet. Nach den ersten eineinhalb Jahren kannst du zurück- und nach vorne schauen:
Was hat sich für mich verändert? Was habe ich gelernt? Was könnte noch besser werden? Schreibe deine Gedanken dazu auf und nimm sie dir nach weiteren eineinhalb Jahren wieder vor. Wo auf deinem Trauerweg befindest du dich jetzt, nach drei Jahren? Bist du bereit für den Schritt ins Gesellenleben? Oder für einen Meisterkurs? Was möchtest du noch lernen?

Depression

Dieser Glaube hält sich hartnäckig: Wer seine Trauer nicht ausleben könne, laufe Gefahr, in eine Depression abzugleiten. Viele Männer fragen mich, ob an dieser Aussage, die sie oft von wohlmeinenden Partnerinnen hören, wirklich etwas dran ist. Nein, ist es nicht. Und doch wird diese Überzeugung immer wieder geäußert, weswegen ich sie in meine Liste der fünf größten Mythen über die Trauer aufgenommen habe.

Trauer ist ein natürlicher Prozess, eine Depression ist eine Krankheit. Wer an einer Depression leidet, kann oft gar nicht genau sagen, woher seine Symptome eigentlich stammen. Bei Trauer dagegen kann der Betreffende klar benennen, warum er sich so fühlt, wie er es tut.

Es kann Tage geben, an denen die körperlichen und seelischen Reaktionen auf einen Todesfall den Symptomen einer Depression ähneln. Totaler Stillstand im Inneren, keinerlei Impulse mehr, eine vernichtende Antriebslosigkeit, Problemwälzen in ununterbrochenen Dauerschleifen – all das kann eine klinische Depression auf ihrer höchsten Stufe ausmachen. Ich nenne sie die Level-10-Depression. Doch unterscheidet sich Depression von der Trauer in einem wesentlichen Punkt: Der Stillstand wird zum Dauerzustand. Wohingegen bei Trauer die Gefühlswelt immer wieder verrückt spielt. Es hat sich eingebürgert, bei düsteren Eintrübungen der Seele von sich zu behaupten, man sei gerade „echt depressiv" – doch selbst wenn der Nebel um einen herum dichter wird, heißt das nicht, dass diese Aussage wirklich stimmt. Vielleicht ist es eher ein vorübergehendes Level 5 als die Endstufe.

Auch starke Melancholie wird häufig mit einer Depression verwechselt. Melancholie kann sich als eine alles durchdringende innere Strahlung zeigen, als eine seelische

Schwingung in tiefem Dunkelblau. Die Depression dagegen erfasst den gesamten Seele-Körper-Apparat – in Schwarz.

Bei Trauer wie bei Depression gleichermaßen treten häufig tiefe Erschöpfung und Müdigkeit auf, das Gefühl, vom Leben ermüdet zu sein. Doch die Trauer zeigt sich immer wieder auch in anderen Zuständen. Sie ist eher chaotisch, heute so, morgen so, wie Wellen im Meer.

In einer Depression können Gefühle nicht mehr atmen. In der Trauer jedoch holen sie sich viel Luft.

Mein persönliches Gefühls-Kardiogramm

Wer sich unsicher ist, ob er einer echten Depression verfallen ist oder normale Reaktionen auf seine Trauer zeigt, kann die erlebten Tage nach dem „Flatline"-Prinzip beurteilen: Stell dir dazu deine innere Verfasstheit wie die Linie auf einem Elektrokardiogramm vor. Bleibt diese Linie über viele Tage oder gar Wochen hinweg konstant flach, ohne die kleinsten Ausschläge nach unten oder nach oben, ist die Wahrscheinlichkeit hoch, dass du wirklich an einer Depression leidest. Dann gilt: Weil Depression eine Krankheit ist, bitte unbedingt zum Arzt gehen. Was bei Trauer wie bei Depressionen ebenfalls hilfreich sein kann: dem Alltag eine immergleiche Struktur geben; nicht in den Tag hinein, sondern durchgeplant leben; sich anderen anvertrauen; sich jeden Tag bewegen, möglichst draußen.

Darf ich das?

Menschen in einer Trauer- und Verlustkrise tun manchmal verrückte Dinge. Kleider des verstorbenen Menschen anziehen. Morgens den Frühstückstisch mitdecken für jemanden, der nie wieder frühstücken wird. Mit der toten Person sprechen und ihr etwas erzählen. Antworten erhalten. Im Bett des verstorbenen Menschen schlafen und sich ihm dort nahe fühlen. Wer hätte sich jemals vorstellen können, dass er so etwas einmal tun wird – bevor der Tod ins Leben trat? Diese Dinge zu tun gibt vielen ein gutes Gefühl, dennoch fragen sie sich insgeheim: Darf ich das?

Stellst du dir diese Frage auch immer wieder? Die klare Antwort ist: Na klar darfst du.

In der großen Verwirrung, die eine Trauer- und Verlustkrise mit sich bringen kann, können sich deine Werte und Prioritäten neu sortieren. Immerhin hat sich deine ganze Welt tatsächlich für dich ver-rückt, es scheint nichts mehr an seinem Platz zu sein. Es gibt das Davor, in dem dir solcherlei Dinge unvorstellbar waren, und das Danach, das jetzt dein Alltag ist.

Durch sinnliche Wahrnehmungen wie riechen, fühlen, schmecken und hören fühlen sich viele Trauernde dem verstorbenen Menschen nah. Deswegen gibt es ihnen ein gutes Gefühl, in dem Bett zu schlafen, wo die oder der Verstorbene geschlafen hat, oder Kleidung zu tragen, die er oder sie gerne getragen hat, zumal Kleidung wie eine zweite Haut erlebt wird, also eine Haut des Verstorbenen. Auf Facebook hat einmal jemand die Schuhe des verstorbenen Opas gezeigt – vakuumverpackt in einer durchsichtigen Tüte, damit ihnen bloß nichts geschieht. Was auch immer: Du darfst alles tun, was deine Seele tröstet, deine Sinne anregt und dich kreativ tätig werden lässt und somit hilfreich für dich ist.

Die Frage, was richtig ist, stellt sich Trauernden auch in anderen Bereichen: Darf ich mich mit meiner Trauer anderen auch mal aufdrängen? Darf ich im Gespräch auf die verstorbene Person zu sprechen kommen, auch wenn das Gespräch dann plötzlich in einem Augenblick peinlicher Stille festhängt, weil die Menschen um mich herum nicht unverkrampft damit umgehen können? Meine Empfehlung ist hier: Probiere es aus. Dich anderen zuzumuten, ist auf jeden Fall besser als schweigend zu leiden.

Tu, was dir jetzt guttut

Nichts ist verrückt, wenn sich bei dir gerade alles ver-rückt. Also schau auf dich, auf das, was du brauchst und gönne dir das, wonach dir ist. Solange es nicht der tägliche Rausch ist – durch Tabletten, Alkohol, Spiel, Drogen oder zu viel Sport – oder anderen schadet, ist es etwas Gutes. Sprich mit deinen Toten, pflege ihre Gegenstände, ganz egal, Hauptsache, dir tut es gut. Und wenn du unsicher bist, ob du im Gespräch mit anderen deine Trauer erwähnen willst: Betrachte es als deine Form von Angeln. Vielleicht beißt nur ab und zu jemand an und lässt sich auf das Thema ein statt krampfhaft abzuschweifen. Aber immerhin bist du angeln gewesen. Also wirf ruhig immer wieder deine Angel aus …

Einsamkeit

Trauer macht einsam. Die Gründe dafür sind facettenreich. Folgende Aspekte gehören häufig dazu:

- Sich „von allen guten Geistern verlassen“ fühlen: Diese Redewendung trifft es oft genau. Denn mit dem geliebten Menschen hat dich vieles verlassen, was dir bisher selbstverständlich erschien: Gewissheiten, Urvertrauen, Geborgenheit, Religion, Gott und mehr. Alles „gute Geister“.
- Verlässlich geglaubte Kontakte brechen weg. Nach einem Todesfall verändert sich fast immer das Umfeld. Ein Mensch, der dir bisher eng vertraut war, meldet sich nicht mehr, vielleicht aus Angst angesichts des Todes oder aus Unsicherheit. Von bisher gemeinsamen Freunden und Freundinnen ziehen sich solche, die sich der verstorbenen Person näher fühlten, zurück. Zu Paarunternehmungen wirst du als Single nicht eingeladen, damit du dich nicht noch schlechter fühlst, so allein unter Paaren. Der Tod macht deine Netzwerke brüchig, andere Netze dagegen vielleicht fester.
- Sich einsam fühlen im Weltentreiben: Wenn ein Mensch stirbt, fühlt man sich plötzlich anders der Welt ausgesetzt als zuvor, muss alleine zurechtkommen mit schlechten Nachrichten und all den Krisen unserer Zeit. Auch Gutes kann man nicht mehr mit der vertrauten Person teilen.
- Der Tod eines Menschen weckt auch Ängste vor dem eigenen Tod. Wenn uns dann noch Netzwerke wegbrechen, kann die Frage aufkommen: Wer wird überhaupt bei meiner Trauerfeier dabei sein, wenn es soweit ist?
- Die Sehnsucht nach menschlichen Kontakten: Wenn niemand anruft, niemand zu Besuch kommt, wenn du das Gefühl hast, dein Zuhause nicht verlassen zu kön-

nen, weil du dich nicht raustraust oder meinst, nirgendwohin gehen zu können und nirgendwo willkommen zu sein.

Sich einsam zu fühlen ist hart. Wem es so geht, der darf getrost auch darüber jammern und fluchen. Noch besser ist es, dies in Gesellschaft zu tun. In Trauergruppen oder bei Trauerbegleitungen wird manchmal nach Herzenslust geflucht. Ich freue mich immer wieder darüber, erleben zu dürfen, wie gut das tun kann.

Es ist übrigens tatsächlich so, dass Männer in Trauer einsamer werden als Frauen. Denn in klassisch geprägten Paarbeziehungen pflegt meistens die Frau die Netzwerke – das ist inzwischen sogar erforscht. Verwitwete Männer sind deshalb eher gefährdet, in ihrer Trauer zu vereinsamen, weil sie nicht gelernt haben, Kontakte zu pflegen. Aber auch das kann man üben. Fang einmal so an: Wen kann ich jetzt anrufen? Wem kann ich einen Brief, eine Mail oder eine Textnachricht schreiben?

Deine Einsamkeit anschauen

Male dir einen Kreis auf. Er symbolisiert deine gesamte Einsamkeit. Überlege dir zu den oben aufgelisteten Aspekten der Einsamkeit: Wie groß sind bei dir die verschiedenen Anteile? Zeichne sie als Kuchenstücke in den Kreis. Betrachte das Ergebnis: Wie teilt sich deine Einsamkeit auf? Welches ist das größte Stück? Was macht das mit dir? Überlege außerdem: Wo haben sich vielleicht schon neue Netzwerke aufgetan, wo könnten sich neue Kontakte abzeichnen?

Energie

UV-Licht tut dem Körper gut, es ist stets vorhanden und einzelne seiner Bestandteile können sogar die allerdichteste Bewölkung durchdringen. Aber wir können UV-Licht weder sehen noch direkt spüren. So ist das auch mit den Energien in einem Trauerprozess. Sie können vorhanden sein, auch wenn wir sie nicht sehen und nicht oder kaum spüren.

Deine Energie kommt beispielsweise in Form von Wut zu dir (siehe dazu das Kapitel „Wut"). Oder sie äußert sich in deiner Sexualität. Manche Menschen sind regelrecht erschrocken darüber, wie stark ihr sexuelles Verlangen nach einem Verlust sein kann (mehr dazu im Kapitel „Sexualität"). Aber auch das ist Ausdruck der eben doch vorhandenen Energie.

Ähnlich ist es mit scheinbar unangebrachten Aktivitäten: Notfallseelsorger berichten oft davon, dass Menschen, denen sie eine Todesnachricht überbracht haben, nach anfänglichem Schock und Entsetzen aktiv werden und irgendetwas tun. Irgendetwas, auch wenn es in diesem Augenblick total unangebracht erscheint. Staubsaugen. Papier sortieren. Die Spülmaschine ausräumen. Das ist der Moment, in dem der Seelsorger ahnt, dass er seinen Einsatz bald beenden kann. Aber warum tun die Menschen so etwas, wenn ihnen doch gerade eine so grässliche Nachricht überbracht worden ist? – Weil sie wieder in die Aktivität gelangen wollen. Weil sie eine große Ohnmacht spüren, die sie niederdrückt, und sie dieser etwas entgegenstemmen müssen, um nicht unterzugehen. Unbewusst wollen sie sich ihre Selbstwirksamkeit beweisen: Immerhin kann ich noch die Spülmaschine ausräumen. Immerhin. Auch darin zeigt sich Lebensenergie.

Der Funke der Lebensenergie kann auch irgendwann im Laufe des Trauerprozesses auf dich überspringen: „Ich könnte ja mal wieder ... tun“, denkst du vielleicht in einem merkwürdigen Anfall von Aktionismus, den du dir selbst nicht erklären kannst. Und dann tust du das. Die Garage aufräumen. Die Socken sortieren. Das eigene Testament aufsetzen. Irgendetwas. Egal.

Tun, darum geht es.

Diese Energie steht Trauernden nicht zur Verfügung wie Benzin an der Zapfsäule einer Tankstelle. Es ist dir nicht möglich, dich einfach zu bedienen, wenn dir danach ist. Die Energie kommt zu dir, wenn der Prozess es ihr möglich macht. Schön, wenn es dir dann bewusst wird.

Meine UV-Strahlung – was dringt durch?

Male deine dunklen, riesigen Trauerwolken auf ein Papier – so, wie sie sich gerade für dich anfühlen. Und dann male eine Sonne über diese Wolken, denn über den Wolken scheint immer die Sonne, ob wir sie nun sehen können oder nicht.
Überlege, ob und welche winzigen UV-Strahlen bislang zu dir durchgedrungen sind. Wann hast du etwas davon wahrgenommen? Hast du Wut oder Empörung gefühlt, das Bedürfnis nach Sex, hattest du einen merkwürdigen Schub von Aktionismus? Wenn du beim ersten Mal nichts findest, schau dir deine Zeichnung demnächst wieder einmal an. Hat sich jetzt etwas verändert? Falls nicht, warte weiter. Aber bleib dran an deinen UV-Strahlen.

Erleichterung

Vielleicht kennst du solche Gedanken und Gefühle, bei denen du vor dir selbst erschrickst. Dazu gehört, sich erleichtert zu fühlen, wenn ein Mensch gestorben ist. Viele Trauernde verbieten sich so zu fühlen, denn es fühlt sich unmoralisch an. Doch dieses Gefühl darf durchaus Teil des Trauerprozesses sein. Und die Erleichterung hat viele Facetten.

Eine Form von Erleichterung, die sich die meisten Hinterbliebenen zugestehen, ist das Gefühl von Befreiung am Ende eines langen Krankheitsweges, dem vielleicht schon ein Abschied auf Raten vorausging. Wenn nach einer langen Krankheits- und Sterbezeit die Anspannung von einem abfällt, ist die Erleichterung bei allem Kummer über den Tod nachvollziehbar.

Bei Gedanken, die in den ethischen Grenzbereich hineinreichen, wird es schwieriger: Wenn ein Mensch, der nicht immer nur Gutes getan hat, schließlich stirbt – darf ich dann förmlich aufatmen? Vor allem, wenn ich womöglich selbst unter diesem Menschen zu leiden hatte? Oder wenn mit dem Tod eines Menschen die Aussicht auf ein Erbe verbunden ist, das mich vielleicht aus einer klammen Situation befreien kann – darf ich mich dann erleichtert fühlen? Und darf ich es auch ohne eine finanzielle Notlage?

Ich habe in meinen Begleitungen noch keinen einzigen Menschen getroffen, der es sich leicht gemacht hätte mit diesen Gedanken und Gefühlen. Erleichterung gestehen mir die Menschen meist hinter vorgehaltener Hand, schamhaft. Aber sie ist fast immer präsent, in vielerlei Formen, und sie wird oft in die Grauzone des Verbotenen geschoben. Dort gehört sie aber nicht hin.

Meine Haltung in der Arbeit mit Menschen in einer Trauer- und Verlustkrise ist: Alles, was da ist, darf sein. Wenn es in dir auftaucht, hat es eine Berechtigung. Ich bin sicher, dass du es dir mit dem Tod des Menschen, um den du trauerst, nicht leicht machst, sonst würdest du dieses Buch nicht lesen. Ich bin sicher, dass du nicht ausschließlich erleichtert, fröhlich und zufrieden bist, sondern dass diese Gefühle zusammen mit allen anderen eingebunden sind in ein Gesamtpaket, das dich beschäftigt. Ich kann mir sogar vorstellen, dass da noch mehr ist, was du dir selbst kaum eingestehen und niemandem mitteilen magst. Alles ist okay. Alles, was da ist, hat seine Berechtigung.

Alles, was da ist, hat seine Berechtigung

Male die Silhouette eines Menschen auf ein Blatt, eine ganz simple Skizze. Dieser Mensch bist du. Liste auf der linken Seite deiner Zeichnung alle Trauergefühle auf, bei denen du keine moralischen Zweifel hast. Auf der rechten Seite liste auf, für welche Gefühle du dich schämst oder bei denen du ein schlechtes Gewissen hast. Versuche, dir selbst gegenüber ehrlich zu sein und das Ganze spielerisch anzugehen – du musst sie ja niemandem zeigen. Wenn deine Listen für den Moment vollständig sind, nimm eine Schere und zerschneide deine Figur in zwei Hälften. Nun siehst du, dass die Figur nur funktionieren kann, wenn beide Hälften zusammengefügt bleiben – so wie du selbst nur mit beiden Seiten in dir existieren kannst.

Familie

Derselbe Verlust – aber nicht dieselbe Trauer. Wenn ein Mensch stirbt, ist davon oft ein ganzes Familiensystem betroffen. Dann zeigt sich in der Regel, dass jede und jeder auf je eigene Weise darauf reagiert. Menschen, die erstmals den Tod einer nahestehenden Person erleiden, überrascht das in der Regel. Man geht davon aus, dass Trauer eben Trauer ist – bis man es selbst anders erfährt.

Je näher Trauernde einander stehen, desto größer ist die Erwartung, dass man ähnlich empfinden muss und man gemeinsam trauern kann. Und je größer eine Familie ist und je mehr Generationen beteiligt sind, desto herausfordernder kann das Miteinander werden. Häufig führen die unterschiedlichen „Coping-Strategien“, also die Versuche, mit dem Verlust umzugehen, zu Reibungen, weil jede und jeder etwas anderes braucht.

Alle Beteiligten hegen allerlei Erwartungen, die ihnen selbst oft gar nicht bewusst sind; in der Trauerwissenschaft werden diese zu den „sekundären Stressoren“[2] gezählt: Sie sorgen für zusätzlichen Stress. Zugleich beeinflusst jede Person mit ihren eigenen Befindlichkeiten das innerfamiliäre Klima.

In Patchworkfamilien oder beispielsweise nach einer Scheidung werden sogar mehrere Familienkreise vor die Frage gestellt, wer nun wie handeln sollte oder kann. Hier ist oft ein hohes Maß an Toleranz gefordert.

Wenn es bei dir mit der Familie kompliziert ist, hast du vielleicht das Bedürfnis, dich aus allem rauszuhalten. Doch der Blick auf die Unterschiede und Konflikte ist wichtig, weil sie deinen Prozess beeinflussen und Stress erzeugen können. Erkennst du sie, kannst du gut für dich sorgen.

Leider kommen oft auch noch Erbschaftsfragen dazu, die Kraft kosten und zu Zerwürfnissen führen können. Dann hilft es, diese Fragen zurückzustellen, bis wenigstens die erste starke Erschütterung über den Verlust der geliebten Person überwunden ist.

Ein Familiensystem in Unruhe – was du tun kannst

- Gönne dir viel Selbstfürsorge. Nur wer selbst stabil ist, kann sich gut um andere kümmern.
- Wirb, wo immer du kannst, um maximales Verständnis füreinander. Triff dich mit den anderen möglichst im „Sowohl-als-auch". Versuche, die Positionen der anderen nachzuvollziehen und gleichermaßen deine eigene zu vermitteln. Das geht am besten durch Ich-Botschaften.
- Versuche, die anderen nicht zu belehren. Achte auf deine Worte. In einer Trauer- und Verlustkrise können Formulierungen wie „Du solltest", „Du muss jetzt" oder „Du machst es falsch" sehr verletzend sein und Abwehr hervorrufen.
- Versuche, andere Vorstellungen über „Wer, was, wann, wo, wie" zuzulassen: Nur weil ein bestimmtes Ritual, wie beispielsweise der Gang zum Grab, dir selbst guttut, muss es nicht allen so gehen.
- Ziehe rechtzeitig professionelle Hilfe hinzu, um mit allzu unterschiedlichen Erwartungen besser umzugehen und dir selbst und anderen schmerzhafte Verletzungen zu ersparen.

Festhalten

Viele Trauernde haben nach dem Verlust eines geliebten Menschen große Angst davor zu vergessen. Sie fürchten, den verstorbenen Menschen ein zweites Mal zu verlieren, noch endgültiger als ohnehin schon, wenn sie ihre Erinnerungen an das gemeinsam Erlebte oder die Gefühle verlieren. Das ist erschreckend, denn Trauernde wünschen sich in der Regel weiterhin ein festes Band, das sie an den verstorbenen Menschen bindet. Loslassen, wie es viele empfehlen, ist das Letzte, was sie wollen. Sie wollen vielmehr an allem festhalten.

Zudem versuchen Seele und Verstand mit allerlei Taschenspielertricks, die Tragik abzumildern. So begleitet viele Menschen in einer Trauer- und Verlustkrise über einen langen Zeitraum das „magische Denken“: Sie wollen beispielsweise keine Gegenstände wegwerfen, weil die verstorbene Person sie wieder brauchen wird, wenn sie zurückkehrt. Wenn der Gedanke, dass dieser Mensch niemals zurückkehren wird, noch ganz unaushaltbar ist, aktiviert der Körper solcherlei Selbstschutzmechanismen. Schränke und Zimmer werden auch deswegen oft lange nicht ausgeräumt – was übrigens völlig okay ist.

Wenn dir die Furcht vor dem Vergessen vertraut ist, kann dir Erinnerungsarbeit helfen. Hier sind einige Ideen für dich.

Erinnerungen festhalten

- Du kannst in einer Schatzkiste Gegenstände und Fotos sammeln, die dich an Erlebnisse mit der verstorbenen Person erinnern. Auch Notizen oder Tagebücher können darin Platz finden.
- Schreibe deine Erinnerungen auf: Jedes Mal, wenn die Angst vor dem Vergessen in dir aufsteigt, schreibst du die Begebenheit oder das Gefühl, an das du dich gerade erinnerst, auf. Ob du es lieber handschriftlich in ein Buch schreibst oder in eine Datei tippst, ist zweitrangig. Wichtig ist, dass du siehst, wie viele Erinnerungen du hast und wie es nach und nach immer mehr „gesicherte" Erinnerungen werden. Wenn es dir leichter fällt zu sprechen, kannst du deine Erinnerungen auch mit deinem Smartphone aufnehmen.
- Menschen, die eine kreative Veranlagung haben, tut es gut, ihre Erinnerungsarbeit an einen Gestaltungsprozess zu knüpfen: Collagen basteln, Bilder malen, fotografieren.
- Du kannst E-Mails ausdrucken und zu einem Buch binden oder Dialoge aus WhatsApp oder anderen Diensten abfotografieren und für dich zusammenfügen. Das Unternehmen Zapptales – das allerdings einmal wegen eines Datenlecks in die Kritik geriet[3] –, erstellt Bücher aus Messenger-Dialogen.
- „Bänder der Verbundenheit" können dir vor Augen führen, wie viele Verbindungen zu dem verstorbenen Menschen du hast: Kaufe dazu verschiedenfarbige Bänder und knüpfe sie an einen Baum im Garten, eine Pflanze auf dem Balkon oder an ein besonderes Gebilde, das du in deiner Wohnung aufhängst. Du kannst in Farbe, Form, Länge verschiedene Bänder nehmen für die vielen verschiedenen Erinnerungen.

Filme

Da Trauer Menschen existenziell betrifft, ist es nicht verwunderlich, dass viele Filme von trauernden Menschen erzählen. Und, ja, es gibt kenntnisreiche und sensible Filme zum Thema. Sie können trauernden Menschen helfen, sich und ihre Situation besser zu verstehen.

Es gibt allerdings auch schlechte Filme über Trauer. Oft werden darin die inzwischen überholten Mythen wieder aufgekocht. Noch viel zu oft wird der Trauerprozess als eine lineare Heldenreise beschrieben, die sich erst mit dem „Loslassen“ am Ende zum Guten auflöst. Das ist ärgerlicher Blödsinn (siehe dazu die Kapitel über „Trauermodelle“ und „Loslassen“). Eine solche Seifenopernlogik trägt mit dazu bei, dass manche Menschen eine verzerrte, realitätsferne Vorstellung von Trauer haben.

Seit einigen Jahren befasse ich mich intensiv mit Filmen im Kontext von Trauer, Tod und Sterben, da ich in meinen Begleitungen, in Seminaren oder bei Treffen von Trauergruppen häufig darauf angesprochen werde. Die Ergebnisse meiner Suche veröffentliche ich sukzessive auf meinem Internetblog. Jeden Film untersuche ich immer auch unter dem Aspekt, ob er für Menschen in einem Trauerprozess geeignet sein könnte.

Es sind nicht viele Filme, die ich uneingeschränkt empfehle. Zu ihnen gehören die Folgenden:

- Die einfühlsame australisch-französische Produktion „The Tree“, in dem die Frau und die Tochter eines Verstorbenen glauben, dass dessen Seele nun in einem Baum in ihrer Nähe wohnt – magisches Denken, wie viele Trauernde es kennen.
- Der deutsche ARD-Film „Der letzte schöne Tag“ über die schwierige Situation der Hinterbliebenen nach dem Suizid einer jungen Mutter.

- Der italienische Spielfilm „Das Zimmer meines Sohnes“: Der Film zeigt, beinahe analytisch, wie sich der Verlust des jugendlichen Sohnes auf das Familiengefüge und auf jedes einzelne Mitglied dieser Familie auswirken kann. Und wie der Alltag trotzdem weitergeht.
- „Kirschblüten – Hanami“ von Dorris Dörrie, die darin den Trauerprozess eines frisch verwitweten Mannes zeigt, der mit einer großen Japanreise einen großen Traum seiner verstorbenen Frau erfüllen will.

Die Frage, ob Filme in einem Trauerprozess überhaupt hilfreich sind, kann natürlich nur jede betroffene Person für sich entscheiden. Ich meine, dass Filme hilfreich sein können, weil sie für Trauernde, die sich nicht gut konzentrieren und wenig aufnehmen können, einfacher zu konsumieren sind als Bücher. Andererseits setzen Filme unmittelbar auf der Erlebnisebene an und regen zum Mitleiden an. Einem Menschen, der selbst leidet, kann das schnell zu viel werden.

Eine eigene Filmliste erstellen

Wenn du unter dem Stichwort „Filme über Trauer" eine Internetsuche startest, werden allerlei Blogs und Webseiten aufgeführt, die Film-Tipps parat haben. Manche sind wirklich brauchbar, andere nicht. Behalte bei der Auswahl deine persönlichen Präferenzen im Sinn und schau dir erst einmal die Filmtrailer an (finden sich meistens auf YouTube). Du kannst dir eine persönliche Liste anlegen, auf der nur Filme stehen, die du dir wirklich ansehen möchtest. Kurz: Pass auf, dass du nicht in einen Film hineingezogen wirst, der dich zusätzlich belastet.

Fotos

Manche Trauernde schauen gerne Fotos an, manche können es nicht ertragen. Besonders in der ersten Zeit nach dem Verlust können Fotos, auf denen der verstorbene Mensch fröhlich strahlt, wie Messerstiche wirken.

Fotos können deshalb so schmerzhaft sein, weil sich die Radikalität des Wandels in ihnen verdichtet; die Unfassbarkeit des Todes tritt bildlich vor Augen. Das Erschrecken und die Schockstarre, die vielleicht schon überwunden waren, werden wieder spürbar. Während Erinnerungen wie ein konstanter Strom immer wieder an uns vorbeiziehen, mal bewusst, mal unbewusst, bringt uns ein Foto unmittelbar mit der Tatsache in Kontakt, dass sich unsere Wirklichkeit radikal verändert hat. In solchen Momenten ist nur der Schmerz da und jedes Gefühl von Dankbarkeit ist ausgeschlossen. Liebevolles Erinnern wird dann durch den Trauerschmerz übertönt. Immer wieder erzählen mir Trauernde, dass sie in ihrer Wohnung Fotos der verstorbenen Person umdrehen mussten. Sie können den Anblick nicht ertragen, aber die Fotos wegzuräumen, würde ihnen vorkommen wie Verrat.

Andere haben ein großes Bedürfnis, den verstorbenen Menschen auf Fotos, in Videos oder durch Tonaufnahmen wieder zu erleben. Getrieben von der Angst, die Erinnerungen könnten verblassen, nehmen sie dafür den Schmerz, den sie dabei fühlen, in Kauf.

Seit dem Aufkommen der Fototechnik bis in die 1950er-Jahre hinein war die sogenannte Post-Mortem-Fotografie oder auch Totenfotografie gang und gäbe. Aus gutem Grund, denn Fotos von dem oder der Verstorbenen können uns eine Hilfe dabei sein, den Tod wirklich zu begreifen. Dieses Begreifen hat der Trauerforscher William Worden als eine der wesentlichen Aufgaben definiert, vor die uns die Trauer stellt. Auch Fotos von der Trauerfeier, vom Sarg, vom

Schmuck, von der Trauerhalle etc. tragen zum Begreifen bei. Oft zieht die Trauerfeier wie ein verschwommener Film an den trauernden Personen vorbei, sie nehmen das Geschehen kaum wahr. Wenn es dir auch so ging und du es jetzt bedauerst, keine inneren Bilder von der Feier zu haben, frage bei anderen Angehörigen nach, ob jemand während der Feier fotografiert hat.

Ein Fotoalbum anlegen

Wenn genug Zeit verstrichen ist und es dich nicht mehr so sehr schmerzt, Fotos anzuschauen, ist es eine schöne Möglichkeit der Erinnerung, ein Album anzulegen. Du kannst ein digitales Album erstellen und ausdrucken. Vielleicht ist es aber auch hilfreicher für dich, wenn du nicht am Computer mit den Fotos umgehst, sondern Fotoabzüge machen lässt, die du in die Hand nehmen und immer wieder betrachten kannst, bevor du auswählst und dich dann möglicherweise doch anders entscheidest … Dies kann Tage oder Wochen dauern, in denen die Fotos vielleicht auf einem Tisch liegen und du dich jederzeit damit befassen kannst oder eben nicht. Dieses bewusste Auswählen von wenigen Bildern kann innerlich vieles in Gang bringen – auch wenn es weh tut.

Freude

Es ist ein großer Irrglaube, dass es in der Trauer keine Freude mehr geben könne oder dürfe. Doch dass ein Mensch in Trauer ist, bedeutet nicht, dass er permanent traurig sein muss. Wie unmenschlich wäre das? Kein Mensch hat auch nur einen Tag ausschließlich ein Gefühl. Doch viele Menschen erwarten – wahrscheinlich unbewusst – von Trauernden, dass sie weder fröhlich sind noch lachen.

Trauer kann wie Grundwasser in tiefen Erdschichten lange und hartnäckig durch deine Seele hindurchströmen. Und wie überall dort, wo Grundwasser fließt, das Leben oberirdisch seinen alltäglichen Weg gehen kann, mag auch in deinem Leben zugleich Alltag herrschen. Das eine schließt das andere nicht aus. Beides existiert parallel. Auch Trauer und Freude.

In Trauergruppen wird viel und oft gelacht. Im geschützten Raum einer Gruppe wissen die Teilnehmenden, dass sie so sein dürfen, wie sie jetzt sind. Das ist gut so. Denn das Lachen hat etwas enorm Erleichterndes, es lässt für einen Augenblick Druck aus dem Kessel. Sogar in den schlimmsten Situationen können die Menschen oft noch lachen.

Allerdings kenne ich auch Menschen, die sich selbst keine Freude mehr erlauben, weil sie ein schlechtes Gewissen gegenüber der geliebten verstorbenen Person haben. Weil diese nichts mehr empfinden kann, so der Gedanke, ist es aus Respekt auch den Hinterbliebenen untersagt, Freude zu empfinden.

Über der Bühne des Osnabrücker Theaters hingen viele Jahrzehnte zwei Masken, die ein lachendes und ein weinendes Gesicht zeigten – beide miteinander verwoben. Die Komödie und das Drama, miteinander vereint auf einer Bühne, so lässt sich auch das menschliche Leben darstellen. Und je älter ich werde, umso mehr bin ich überzeugt davon, dass in den prägendsten Augenblicken unseres Lebens alles gleichzeitig vorhanden ist: Freude ebenso wie Trauer, Stolz ebenso wie Scham, Dankbarkeit ebenso wie Schmerz – und dazu immer eine Portion Kränkung. Denn was ist der Tod anderes als die größtmögliche Kränkung gegenüber der Macht des Lebens?

Wenn wir unser Gesicht einmal senkrecht in der Mitte teilen, zeigt sich bei den meisten Menschen ein interessantes Phänomen: Ein Mundwinkel ist einen Hauch weiter oben als der andere – als ob er lächelt. Sogar in unserem Gesicht sind also Freude und Trauer gleichzeitig präsent. Der Schauspieler Anthony Hopkins benutzt das als eine der größten Stärken seiner Darstellerkunst: Es zuckt oft nur einer seiner Mundwinkel, um ein bestimmtes Gefühl auszudrücken.

Und so darfst du beides, deine Trauer und deine Freude, miteinander vereinen.

Ganz auf uns zurückgeworfen, wie wir es in einer seelischen Krise oft sind, können wir neu entdecken, aus wie vielen Facetten unser Leben besteht. Wir lernen uns selbst neu kennen, allein durch die Nacktheit, in der wir uns jetzt wiederfinden.

Die Kraft der zwei Gesichter

Nutze die Symbolik der Theatermasken für deine eigene Lebensreflexion: Wenn du an jedem Tag, an dem du auch mal gelacht oder dich gefreut hast (und gleichzeitig deine Trauer gespürt hast), ein kleines Symbol in deinen Kalender oder dein Tagebuch malst, kannst du dir bewusst machen, wie facettenreich dein Trauerprozess oft ist – und wie viele deiner parallel existierenden Gefühle du zulassen kannst.

Freundschaften

Manche deiner Freundinnen und Freunde werden mit deiner Trauer überhaupt nicht umgehen können. Sie verhalten sich, als wäre es eine ansteckende Krankheit. Bloß nichts damit zu tun haben. Das geht vielen Menschen so. Sie können ihre Angst vor dem Tod nicht überwinden und können dir deshalb nicht beistehen.

Der Tod weckt Ängste, er ist ein Tabu, eine einzige Beleidigung angesichts der Kraft des Lebens. Deshalb sortiert der Tod eines nahestehenden Menschen auch das persönliche Umfeld neu. Das müssen so gut wie alle Trauernden erleben: Ich habe noch keinen Menschen gesprochen, dem es nicht so gegangen wäre. Das beginnt bei der Nachbarschaft und bei Bekannten, die die Straßenseite wechseln, wenn du ihnen entgegenkommst. Doch es kann auch geschehen, dass Freundinnen und Freunde von dir erwarten, dass du den Trauerfall bitte nicht weiter erwähnst.

Dabei ist darüber zu reden – täglich, stündlich, den ganzen Tag lang – oft genau das, was dir am meisten fehlt, weil es dir dabei hilft, das Unfassbare zu begreifen. Es ist gut, wenn dir das möglichst viele dir nahestehende Menschen anbieten können. Du kannst es ihnen etwas erleichtern.

Eine Gebrauchsanleitung für dich

Unterschätze nicht, wie unsicher Menschen im Umgang mit dir jetzt sind, da du an die Grenzbereiche des Lebens gestoßen bist. Denn wenn sie es selbst noch nicht erlebt haben, können sie das nicht nachvollziehen. Versuche, dich als Pionier oder Pionierin zu sehen. Du bist einfach vor ihnen dort angekommen. Gib ihnen eine Gebrauchsanleitung für dich, eine Ermutigung.

Du kannst diese Doppelseite kopieren und weitergeben. Oder schreibe ihnen, was dir guttut. Vielleicht so:

Was mir jetzt gut täte in meinem Prozess

- Sprich den Verlust an. Das macht Trauernde nicht trauriger, sondern sie erleben es meistens als willkommene Gelegenheit, darüber reden zu dürfen.
- Sage nicht „Ich bin jederzeit für dich da", sondern biete von dir aus eine am besten regelmäßige Verabredung an, etwa: „Ab sofort komme ich jeden Dienstag um 15 Uhr zu dir zum Kaffeetrinken. Kuchen und Kaffee bringe ich mit." Menschen in einer Trauer- und Verlustkrise haben oft zu wenig Kraft, selbst Verabredungen zu treffen.
- Bringe bei Besuchen etwas zu essen mit, versorge die Person, die du in ihrer Trauer unterstützen willst, packe Fresspakete. Auch für die regelmäßige, gute Ernährung fehlt Trauernden oft die Energie; am Anfang besonders, aber manchmal auch noch nach Monaten.
- Nenne die verstorbene Person bei ihrem Namen, frage nach Erinnerungen, erzähle deine eigenen.
- Halte aus, was auszuhalten ist. Momente des Schweigens. Momente des Schreckens. Und wenn Tränen kommen, ist das hilfreich, nicht schädlich. Indem du das aushältst, tust du ein großes, wichtiges Werk.
- Habe Geduld. Trauer dauert lange. Viel, viel länger als du dir das vorstellen kannst, wenn du es selbst noch nicht erleben musstest. Manchmal Jahre. Bleibe geduldig, auch wenn die betroffene Person wieder und wieder das Gleiche erzählt. Das ist wichtig für ihren Prozess.

Friede

Ist es überhaupt möglich, inneren Frieden zu finden angesichts des Todes? Und finden unsere Toten wirklich den Frieden, den wir ihnen so sehr wünschen? Schließlich sagen wir als letzten Segen: Ruhe in Frieden.

Frieden ist ein Prozess. Frieden braucht Zeit. Und nicht jede sterbende Person kann sich aussöhnen mit den Menschen, mit denen es Zerwürfnisse gegeben hat. Trauernde wiederum sehen sich oft außer Stande, Frieden zu finden, wo doch ihr Inneres so aufgewühlt ist in der Auseinandersetzung mit ihren Gefühlen, dem Tod und dem Sterben. Wunden zu verschließen, die noch voller Eiter sind, macht nicht gesund.

Fühlst du dich gerade hin und her geworfen zwischen einem inneren Unfrieden, deiner Sehnsucht nach innerer Ruhe und dem Wunsch anderer Menschen für dich, Frieden zu finden? Dann sei versichert: Du darfst jetzt im Unfrieden sein mit dir, mit der Welt, und ja, auch mit dem Verstorbenen. Oder mit etwas Größerem, falls du ein spiritueller oder religiöser Mensch bist. Es geht jetzt nicht darum, den ganz großen Frieden zu suchen, wenn schon jeder kleine innere Frieden weit entfernt ist. Lass deinem Zorn, deiner Verzweiflung oder deinen Ängsten, kurz: den Gefühlen, die jetzt bei dir im Vordergrund stehen, den Raum, den sie brauchen.

Zu-frieden sein: In diesem Wort ist ein großer Frieden versteckt. Ganz sicher ist dir Zufriedenheit zunächst fern. Dafür müsstest du wohl erst einmal mit dem abschließen können, was dich so sehr umtreibt. Und vielleicht wird deine Trauer nie wirklich abgeschlossen sein.

Geht es also darum, sich mit der Trauer zu arrangieren? Dass wir unseren Frieden mit ihr machen? Ja, zu einem Teil ist das eine der Aufgaben, die vor uns liegen. Das wird umso besser gelingen, je weniger wir versuchen, die Trauer wegzuschieben, und je mehr wir sie als einen Teil von uns akzeptieren.

Frieden im Kleinen finden

Im Buddhismus heißt es, dass du keinen Frieden im Außen finden kannst, solange es keinen im Inneren gibt. Mein eigenes Leitmotto lautet: Alles Große beginnt im Kleinen. Wenn du also sehr im Unfrieden mit deiner Situation bist, kannst du vielleicht kleine Schritte zum Frieden in deinen Alltag einbauen. Du könntest versuchen, wieder einen Tag lang freundlich und liebevoll zu deinen Mitmenschen zu sein. Das wirkt auf dich zurück.
Diese Übung kann umso stärker sein, je größer der Groll ist, den du vielleicht gegen andere Menschen hegst, weil sie dich nicht verstehen und dir nicht helfen können. Ist der Groll zu groß, kannst du noch kleiner beginnen: Sei nur zu einem Menschen freundlich, dem du dich nicht so nah fühlst. Beim Einkaufen, beim Bäcker, im Kolleginnenkreis – taste dich ganz vorsichtig heran an mehr Frieden in deinem Inneren.

Friedhof

Wo auch immer die verstorbenen Menschen beigesetzt worden sind, denen du nahe warst und bist, ob auf einem traditionellen Friedhof, in einem Bestattungswald oder an einem anderen Ort – diese Stätte kann für dich in mehrfacher Hinsicht zu einem wichtigen Ort werden. Vorausgesetzt, sie befindet sich für dich in erreichbarer Nähe, was heutzutage durchaus nicht immer der Fall ist. Dann kann ein nahe gelegener Friedhof vielleicht zu einem guten Ersatzort für dich werden.

Den meisten Menschen, die ich begleiten durfte, hat es jedenfalls gut getan, sich an einem Ort aufzuhalten, wo viele Tote zu finden sind. Diese gefühlte Nähe zur Endlichkeit kann wichtig sein für den Prozess. Außerdem fühlen sich viele Menschen ihren eigenen Toten näher, wenn sie sich generell in der Nähe von Gräbern bzw. von Beisetzungsstätten aufhalten können. Für manche ist der Tod eines ihnen nahestehenden Menschen zudem der Beginn der Auseinandersetzung mit der eigenen Endlichkeit und der Frage, wie und wo man selbst eines Tages beigesetzt werden möchte.

Immer mehr Friedhöfe in Deutschland – wenn auch immer noch zu wenig – haben erkannt, dass sie allgemeine Trauerorte als Ankerpunkte anbieten sollten, eben weil Menschen nicht immer dort beigesetzt werden, wo ihre Freundinnen oder ihre Familien wohnen.

Auf dem Ohlsdorfer Friedhof in Hamburg gibt es zum Beispiel ein „Fenster der Erinnerung“: eine Art offener Bilderrahmen, der den Blick in die Weite freigibt. Dieser Ort ist besonders für Menschen gedacht, die aus der Ferne um jemanden trauern. In Glasplatten vor einer Muschelkalkmauer kann gegen eine Gebühr der Name des oder der Verstorbenen eingraviert werden. Einen ähnlichen Ansatz verfolgen die von grünen Hecken umsäumten „Räume der Stille“ auf dem Hannoveraner Stadtfriedhof Ricklingen.

Friedhöfe wie Bestattungswälder sind oft noch viel mehr als nur Stätten der Trauer: Sie sind Orte einer tieferen Auseinandersetzung mit den zentralen Fragen des Lebens. Wo komme ich her, wo gehe ich hin? Es sind die Fragen nach dem Warum, nach dem Sinn des Lebens oder der eigenen Spiritualität, die nicht nur in einem Trauerprozess wesentlich sind.

Allen Facetten des Lebens nachspüren

Lass dich von Friedhöfen oder Bestattungswäldern einladen, den vielen Spuren nachzugehen, die sich dort finden lassen. Welche Menschen sind hier beigesetzt? Was waren das wohl für Menschen? Wer denkt noch an sie, wer lebt noch, der die Erinnerungen an sie aufrechterhalten kann? Wieviel Trauer verdichtet sich an einem solchen Ort, wie tief geht diese Trauer? Was sagen dir diese Orte über die zentralen Fragen des Lebens? Werden tiefergehende Fragen in dir wach? Erlebst du diese Stätten eher als Verdichtung von Schmerz oder als eine Würdigung gelebten Lebens – oder kannst du Facetten von beidem auf deiner eigenen Reise entdeckten? Was sagt das über deinen eigenen aktuellen Prozess?
Kaum ein Ort lädt so sehr zur inneren Einkehr und Reflexion ein wie ein Friedhof.

Geburtstag

Wie radikal der Tod eines Menschen das Leben der Hinterbliebenen verändern kann, zeigt sich besonders, wenn der Geburtstag des oder der Verstorbenen bevorsteht. War dieser Tag bisher geprägt vom Feiern, von Fröhlichkeit und Lebenslust, so legt sich nun der Schleier der Trauer über ihn. Es gibt keine Lebensjahre mehr zu zählen. Stattdessen hat eine neue Zählung begonnen: die der Jahre danach. Nach Feiern ist den meisten Menschen nicht zumute. Aber den Tag einfach ausfallen zu lassen, ist auch keine Option. Wie können wir mit dem Geburtstag eines Verstorbenen gut umgehen? Und was machen wir mit dem eigenen Geburtstag, an dem die Lücke ebenfalls spürbar wird?

Für Geburtstage wie auch für Weihnachten oder Hochzeitstage gilt die neue Grundregel: An diesen Tagen dürfen sich Traurigkeit und Fröhlichkeit ineinander verweben, wenn das möglich ist – aber es muss nicht sein. Nichts muss sein. Du darfst dich von dem Gefühl der inneren Verpflichtung lösen, dass diese Tage irgendwie schön sein müssen. Sie können auch traurig sein, sie können so sein, wie sie für dich eben sind.

Es geht an diesen Tagen an erster Stelle um dich und erst an zweiter Stelle um den verstorbenen Menschen. Du darfst dir die Erlaubnis geben, das zu tun, was dir guttut. Das ist für viele Trauernde gar nicht einfach und zusätzlich gibt es oft Familienmitglieder oder Verwandte, die unsicher sind, wie sie sich verhalten sollen. Umso wichtiger ist es, sich frühzeitig gemeinsam zu überlegen, wie der Tag begangen werden soll.

Den Lieblingskuchen des verstorbenen Menschen backen und bei einer Kaffeetafel anzuschneiden, kann zum Beispiel ein Ritual sein, welches das Gute, das es gegeben hat, ebenso würdigt wie den Schmerz darüber, dass es vorbei ist. Versuche nicht, deinen Schmerz zu ignorieren oder zu übergehen. An diesen neuralgischen Tagen hast du die Chance, deiner Trauer neuen Raum zu geben. Das geht auch in einem Augenblick gemeinsamer Stille, falls es dir schwerfällt, mit anderen eine gemeinsame Sprache zu finden, was übrigens bei vielen Familien der Fall ist.

Dem Geburtstag ein neues Gesicht geben

- Ein Erinnerungsmosaik ermöglicht Gemeinsamkeit auch bei unterschiedlichen Beziehungen zu der verstorbenen Person: Bitte Freunde, Verwandte und Angehörige, in wenigen Zeilen eine persönliche Erinnerung an die verstorbene Person aufzuschreiben und dir zuzuschicken, sei es eine Geschichte oder einfach ein Wort, ein Bild.
- Schaffe einen bewusst erlebten Moment der Stille, zum Beispiel beim Besuch des Grabs oder danach. Gerade Geburtstage sind zu Lebzeiten eher laute und pralle Tage, da kann es hilfreich sein, sie bewusst anders zu gestalten.
- Musik hören, die der verstorbene Mensch mochte, eines seiner Lieblingsessen kochen, an Orte fahren, wo es gemeinsames Erleben gegeben hat, kann ebenfalls guttun.
- Überfordere dich nicht, stelle dich selbst in den Fokus. Deine Stabilität hat Priorität.

Gemeinsam trauern

Dein Trauerprozess ist dein ganz eigener Prozess. Dein ganz eigener Weg. Nur du kannst ihn gehen, nur du kannst – an klaren Tagen – erspüren, wo du gerade stehst und welcher der nächste Schritt sein kann. Ist dann Gemeinsamkeit in der Trauer überhaupt möglich? Diese Frage stellt sich vielen Trauernden, da der Tod eines Menschen häufig nicht nur *eine* nahestehende Person trifft. Meine Erfahrung ist: Es mag zwar möglich sein, zu zweit zu trauern, aber es ist nicht möglich, dabei einen gemeinsamen Weg zu gehen.

Denn jeder Mensch geht anders mit seiner Trauer um. Und Trauer kann ein chaotischer Zustand sein, es gibt keinen linearen Verlauf, auf den sich zwei Menschen gemeinsam einstellen könnten.

Stell dir zwei Kieselsteine vor, die mit der Brandung wieder und wieder zu einer Felsküste gespült werden. Während der eine Kieselstein gerade immer wieder ganz vorne mit der Wellenspitze direkt über die Felsen gerieben wird und dort nicht wegzukommen scheint, hat die unterirdische Strömung den anderen Stein schon weiter ins Meer hinausgezogen, in ein ruhigeres Gewässer. Doch kann sich die Situation dieser beiden Kieselsteine jederzeit wieder ändern. Der hintere Stein kann beispielsweise wieder nach vorne gerissen werden, während der andere mit der Strömung vorübergehend in ruhigere Gewässer eintaucht. Nur selten werden sich beide Kieselsteine – direkt nebeneinander, was schon rein physikalisch fast unmöglich ist – in der Wellenspitze wiederfinden, durch die sie über die Felsen gerieben werden.

So kann das auch bei einem Trauerweg sein, den beispielsweise ein Paar zu bestreiten hat. Hartnäckig hält sich das Gerücht, die Belastung für eine Partnerschaft würde durch die Trauer so groß werden, dass sich sehr viele Paare schließlich trennen. Doch konnte ich bislang weder Studien finden, die diese Aussage belegen, noch kenne ich Paare, die sich aufgrund ihrer Trauer getrennt haben. Im Gegenteil: Die Paare, von deren Prozess ich durch meine Trauerbegleitungen erfahren durfte, haben es alle gemeinsam durch die Trauerzeiten geschafft. Manchmal sogar, ohne miteinander im Gespräch sein zu können. Dann haben beide Partner die tiefe Betroffenheit des jeweils anderen eher geahnt als dass sie davon gewusst haben. Vielleicht schafften sie es durch die schweren Zeiten, weil sie das Glück hatten, dass in Phasen, in denen der eine besonders belastet und bedürftig war, immer der andere der gerade stärkere Part sein konnte. Vor allem aber hatten diese Paare ein gutes Verständnis dafür, dass jede und jeder einen eigenen Weg geht. Sie hatten es mit jeweils einer eigenen Bedürftigkeit, aber gemeinsam schwer.

Steinchen im großen Meer

Kennst du diese Fotos von Leuchttürmen in der Bretagne, die fast gänzlich in einer Gischt spritzenden Welle verschwinden? Mich beeindrucken sie jedes Mal aufs Neue. Diese unbändige Kraft der Natur, die sich da an einem Trotzwerk der Menschen abarbeitet. Stell dir nun vor, du und die anderen Menschen, die mit dir gemeinsam durch diese Trauer gehen, sind wie kleine Kieselsteine in der Brandung. Was glaubst du: Wo genau befindet sich welcher Stein gerade? Welcher prallt direkt auf den Leuchtturm, welcher ist an einer anderen Stelle im Meer? Wie war es gestern, vor einer Woche, vor einem Monat? Welche Veränderungen kannst du wahrnehmen? Wie häufig hat es welche gegeben?

Hilflosigkeit

Es gibt die Ohnmacht und es gibt die Hilflosigkeit. Beides fühlt sich fast gleich an, beides kann zu einem Trauerprozess dazugehören – doch es gibt einen Unterschied zwischen diesen beiden Gefühlen, der nicht zu unterschätzen ist. Während die Ohnmacht uns wirklich lähmt, uns zu Boden drückt und uns unserer Handlungsfähigkeit beraubt, können wir der Hilflosigkeit durch eine minimale Aktivität begegnen: Wir können andere um Hilfe bitten. Das fällt vielen Menschen nicht leicht und es mag mit dem unangenehmen Gefühl verbunden sein, sich anderen aufzudrängen. Aber wenn du dich einmal traust, kannst du gute Erfahrungen damit machen. Denn die meisten Menschen sind selbst unsicher, wenn sie andere in ihrem Trauerprozess erleben, vielleicht fühlen sie sich sogar selbst hilflos. Je klarer du benennst, was dir jetzt guttäte, desto mehr nimmst du ihnen ihre Sorgen, sie könnten etwas falsch machen und dich dadurch womöglich verletzen.

Um Hilfe bitten können wir im ganz Kleinen. Es gibt im Alltag viele Lebensbereiche, in denen uns andere helfen können. Ganz praktisch: Für einen begrenzten Zeitraum können andere deine Wäsche waschen. Sie können für dich einkaufen gehen, an Tagen, an denen du selbst nicht rausgehen magst.

Du kannst aber auch jemanden darum bitten, dass er oder sie dir einfach zuhört. Du kannst deinen Freundinnen und Freunden sagen, dass sie weiterhin ganz normal mit dir umgehen dürfen, sie dich aber auch fragen dürfen, wie es dir geht, und wie schön es dann wäre, wenn sie deine ehrlichen Antworten auf diese Frage aushalten könnten.

Um etwas zu bitten heißt nicht, dass uns diese Wünsche automatisch erfüllt werden. Aber es macht anderen klar, welche Bedürfnisse du jetzt hast und was sie tun können, um dir entgegenzukommen. Außerdem gibt es dir selbst das gute Gefühl, dass du dein Schicksal wieder in die Hand nehmen kannst.

Fällt es dir sehr schwer, andere direkt um Hilfe zu bitten? Dann empfehle ich dir, einen Brief zu schreiben. Vielleicht schreibst du lieber eine Mail? Das ist auch in Ordnung und übrigens ein Weg, den viele Trauernde für ihre Bitten wählen.

Im Kleinen können wir andere um Hilfe bitten. Gegenüber dem Großen des unfassbaren Geschehens bleibt das Gefühl der Hilflosigkeit aber lähmend und erdrückend, so wie die Ohnmacht. Denn gegen die Wirkmächte von Leben, Sterben und Tod sind wir tatsächlich hilflos. Es kann wichtig sein, uns diesen Unterschied bewusst zu machen.

Um Hilfe bitten üben

Darf ich dich um deine Hilfe bitten? Beginne ein Blatt Papier oder eine E-Mail mit diesem Satz. Es geht nicht darum, dieses Schreiben wirklich abzuschicken, sondern zu üben, wie es sich für dich anfühlt, andere um Hilfe zu bitten. Überlege dir, wem du den Brief oder die Mail schicken könntest, wer aus deinem Netzwerk dir etwas Gutes tun könnte. Vielleicht magst du den Text schließlich ja doch abschicken. Oder ein weiteres Schreiben anfangen – nur zur Übung.

Internet

„Der schlimmste Arzt ist Doktor Google“, hat mir einmal ein Mediziner gesagt. Und doch suchen wir alle seinen Rat. Statt den Termin bei der Hausärztin oder dem Facharzt abzuwarten, tippen wir schon einmal die selbst festgestellten Symptome in eine Suchmaschine ein, um einen Hinweis zu bekommen, was man haben könnte. Und wer hat nicht erlebt, wie sehr all das, was einem dort angeboten wird, verunsichern kann? Mit nur ein, zwei Klicks mutiert der an sich harmlose Kopfschmerz zum Hirntumor.

Das Internet ist voll von Informationen – und von Zeugs. Es bietet unendlich viel von allem: profundes Wissen, gefährliches Halbwissen, unbestätigte Thesen und blanken Unsinn. Selbst wenn du versuchst, nur auf seriöse, verlässliche Quellen zuzugreifen, brauchst du viel Wissen, Geduld und Intuition, um die Spreu vom Weizen zu trennen.

Auch in der Trauer ist das Internet Segen und Fluch zugleich. Ein Segen, weil es dir – nicht an Zeit und Raum gebunden – die Möglichkeit gibt, deine Gefühle in der digitalen Welt auszudrücken. In sozialen Netzwerken, auf Websites wie verwitwet.de oder in anonymen Chats wie bei trauer.de finden Trauernde Unterstützung. Viele Menschen erstellen eigens für die verstorbene Person eine Gedenkseite oder verarbeiten ihre Trauer in Form von Podcasts oder Blogs.

Das Internet lädt zum Mitmachen ein, aber auch hier ist dein Bauchgefühl gefragt: Wo fühlst du dich wirklich wohl, wo ist es stimmig? Auf Twitter und Facebook sind viele Eltern von Sternenkindern zu finden – vermutlich auch, weil sie als jüngere Menschen mit diesen Medien aufgewachsen sind. Den meisten wird dort mit Respekt begegnet, wenn auch nicht immer. Der Hass im Netz macht vor nichts Halt, auch nicht vor den Toten und nicht vor deiner Trauer.

Ein Fluch ist das Internet, weil so viele der Mythen über Trauer noch immer auf den ersten Seiten der Suchmaschinenergebnisse erscheinen. Die längst überholten Phasenmodelle tauchen zum Beispiel sogar auf den Websites von Krankenkassen auf.

Längst gibt es QR-Codes auf Grabsteinen, die – kurz mit dem Handy eingescannt – zu einer Erinnerungswebsite im Internet führen. Aber wie ist es mit der Virtual-Reality-Technik, die sogar Verstorbene wieder erlebbar machen kann? Manche erinnern sich vielleicht an die Wiedervereinigung einer südkoreanischen Mutter mit ihrer toten Tochter Nayeon, die von IT-Entwicklern anhand von Videomaterial als digitaler Avatar wiederbelebt wurde. Seine Toten via Virtual-Reality-Brille lebendig zu halten: Fluch oder Segen? Hilfreich oder schädlich? Tröstend oder brutal? Auch im Bereich der Trauer könnte das gerade anbrechende Zeitalter der künstlichen Intelligenz vieles verändern – solange es Menschen dabei hilft, den Tod begreifbarer zu machen, kann es gut sein.

Begrenze deine Internetzeit

Das Internet ist ein grenzenloser Raum und gerade in der Zeit der Trauer, wenn du so suchend bist, ist die Gefahr groß, sich darin zu verlieren. Vielleicht möchtest du dir vorsorglich selbst Grenzen setzen? Du kannst mit einem Timer deine Onlinezeit begrenzen: Eine Stunde am Tag – dann mach etwas Anderes in der realen Welt. Räum etwas auf, geh raus, schüttele dich gut durch. Manchmal (meistens?) hilft einem das viel mehr.

Kinder

Wenn ein Kind einen nahestehenden Menschen verliert oder gar ein Elternteil gestorben ist, bedeutet das immer eine große Herausforderung für die Eltern, zumal sie ja oft ebenso von dem Tod der Person betroffen sind. Sie müssen trotz der eigenen Trauer die Trauer des Kindes oder der Kinder in den Blick nehmen. In dieser schwierigen Situation sollten Eltern sich frühzeitig überlegen – und nicht erst, wenn alles aus den Fugen gerät –, ob sie professionellen Rat hinzuziehen, für ihr Kind aber ebenso für sich selbst.

Wie Kinder mit dem Tod eines geliebten Menschen umgehen, ist natürlich abhängig vom Alter und davon, wie ausgereift ihr Gehirn ist. Zwei Dinge gelten für jedes Alter: Es ist wichtig, Kinder zu beteiligen. Man sollte ihnen zum Beispiel einen letzten Blick auf den Leichnam anbieten oder kann sie bei der Auswahl der Lieder für die Trauerfeier mitentscheiden lassen. Außerdem sollten Kinder nicht mit zu vielen Informationen überschüttet werden, hilfreich sind kleine, aber ehrliche Informationshappen. Dabei sollten wir nicht vergessen: Nichts ist so lebendig wie die kindliche Fantasie!

Beispiel: „Die Oma ist tot." Dann ist es am besten, erst einmal zu warten, welche Fragen das Kind jetzt stellt und dann darauf einzugehen. Bitte nicht: „Die Oma, die ist für immer eingeschlafen, und deswegen wird sie jetzt unter der Erde vergraben, ..." – denn das würde vor allem bewirken, dass dein Kind nie wieder schlafen gehen will. Und doch folgen Eltern allzu oft dem Impuls, die simplen Tatsachen mit einem sanften Wortwolkenpaket umhüllen zu wollen. Das ist durchaus verständlich, da es Eltern meistens an Erfahrung fehlt. Doch in der Regel macht es das noch schlimmer.

Kinder in der Pubertät, die einen nahestehenden Menschen verlieren, ziehen sich häufig vollkommen zurück. Sie versuchen, alles mit sich selbst auszumachen oder die Trauer gar nicht an sich heranzulassen und auch die Eltern und deren Trauer möglichst von sich fernzuhalten. Das wiederum verstärkt das Ohnmachtsgefühl bei den Eltern, die ihrem Kind irgendwie helfen wollen. Hier kann es sinnvoll sein, professionellen Rat einzuholen – der häufig bei der Frage beginnt, wie du selbst diese Situation besser aushalten kannst.

Wie du mit trauernden Kindern umgehst

- Biete deinem Kind kurze, sachliche Informationen an. Wenn es Fragen stellt, knüpfe daran an.
- Frage dein Kind nach seinen eigenen Vorstellungen, nimm es ernst. Statt zu sagen „Der Opa ist jetzt im Himmel", erzähle besser davon, dass viele das so glauben, und frage: „Was könntest *du* dir vorstellen, wo Opa jetzt ist?"
- Kinder brauchen viele Auszeiten von der Trauer. Sie haben einen eigenen Zugang dazu, wann für sie was an der Reihe ist: Jetzt frage ich, jetzt spiele ich. Versuche nicht, dein Kind deinen Vorstellungen, was jetzt sein soll, anzupassen.
- Kinder verarbeiten Ereignisse beim Spielen – es kann sein, dass der verstorbene Mensch im Spiel auftaucht. Das ist vollkommen in Ordnung.
- Deinem Kind hilft es am meisten, wenn du selbst authentisch trauerst. Du musst nicht für dein Kind extrastark sein, denn das bedeutet meistens, sich zu verstellen. Und das würde dein Kind irritieren oder verstören. Kinder sind Spürwesen – sie merken so etwas sofort.

Körper

Kurz nach dem Verlust seines geliebten Menschen waren plötzlich seine Haare ergraut. Ihm, der trotz seines fortgeschrittenen Alters noch so beweglich war, fällt offenbar das Gehen schwer. Er scheint ganz in sich gekrümmt zu sein.

Längst ist es auch wissenschaftlich erforscht, dass der Körper bei seelischen Krisen mitleidet. Je heftiger du mental unter einem Verlust leidest, desto stärker steht auch der Körper unter Stress.

Manchmal bricht der trauernden Person buchstäblich das Herz, was gefährliche Herz-Kreislauf-Erkrankungen zur Folge haben kann. Symptome dafür sind beispielsweise Übelkeit, Schmerzen im Arm oder Atemnot. Dieses Phänomen ist als „Broken Heart Syndrome“ allgemein anerkannt.

Der Magen-Darm-Trakt ist bei vielen Menschen ein verlässlicher Seismograph für seelisches Befinden: je mehr Stress, desto gereizter, aufgewühlter oder überladen ist der Magen. Das kann sich unter anderem an der Verdauung, am nervösen Zwicken im Bauch oder an einer hartnäckigen Appetitlosigkeit zeigen.

Auch das Gehirn reagiert vielfältig auf seelischen Stress. In den ersten Wochen, manchmal auch noch Monate nach dem Verlust sind Trauernde häufig besonders vergesslich, leiden unter Konzentrationsmangel und können sich später kaum noch erinnern, wie die Tage oder Wochen gefüllt waren. Dies wird oft als „Trauerdemenz“ bezeichnet: „Ich weiß das gar nicht mehr so genau“, sagen sie dann, wenn wir über den Todestag, die Trauerfeier oder die Zeit kurz nach dem Tod sprechen. Andere erleben genau das Gegenteil: Alle Details dieser Stunden und Tage haben sich ihnen in einer bemerkenswerten Schärfe eingebrannt. Die Zustände von Klarsichtigkeit und Konzentrationsschwäche können sich auch immer wieder und plötzlich verändern.

Der Körper kann auf unterschiedliche Art und Weise und mehr oder weniger intensiv mitleiden. Vielleicht plagen dich lediglich an einigen Tagen Kopfschmerzen. Oder heftige körperliche Reaktionen verstärken sich gegenseitig: Nachts kreisen die Gedanken und das Herz rast – an Schlaf ist nicht zu denken. Durch den Schlafmangel steigt der Blutzuckerspiegel, was zusätzlich träge macht. Dadurch ist die Verarbeitung von Reizen eingeschränkt. Das zermürbt die Person und die Verzweiflung nimmt zu. Falls du dich in deinem Trauerprozess besonders ohnmächtig fühlst, beobachte, ob du stark körperlich reagierst: Vielleicht liegt eine Ursache deiner Ohnmachtsgefühle in solchen Verkettungen.

Raus, raus, raus – und reden

Gegen den Stress auf der körperlichen Ebene helfen die bekannten Heilmittel: Bewege dich viel, möglichst an der frischen Luft und bei Tageshelligkeit, wenn viel UV-Licht auf deinen Körper einwirken kann. Das kostet dich anfangs möglicherweise Überwindung. Tu es einfach trotzdem, du wirst sehen, dass es dir hilft. Ebenfalls hilfreich ist, immer wieder zu reden und so die Trauer im Fluss zu halten und das Innenleben in Bewegung zu bringen. Unter anderem deswegen sind Trauergruppen und Selbsthilfegruppen so wirksam.

Kleiderschrank

Unsere Kleidung ist unsere zweite Haut. Neben dem Gesicht beeinflusst sie am meisten, wie andere Menschen uns wahrnehmen. Unsere Kleidung macht uns aus – und sie überdauert uns. Sie überdauert auch den Menschen, um den du trauerst. Sich mit dessen Kleidungsstücken zu beschäftigen, kann schwer fallen. Denn an ihnen hängen viele Erinnerungen – an den Alltag, an Feste und Reisen, an kostbare Augenblicke – und anfangs hängt in manchem Lieblingsstück des verstorbenen Menschen auch noch sein Geruch. Deshalb halten sie unsere Verbindung zu der verstorbenen Person aufrecht und konfrontieren uns gleichzeitig mit der Unfassbarkeit des Todes.

Vielen kommt es wie ein Verrat vor, die Kleidung eines verstorbenen Menschen wegzugeben oder gar wegzuwerfen. Sie haben das Gefühl, sie würden damit einen Teil des Menschen selbst wegwerfen. Also bleibt die Kleidung erst einmal im Schrank. Und so wird dieser Kleiderschrank emotional aufgeladen. Er birgt Gutes und Bewahrendes in sich, kann eine trauernde Person aber auch belasten.

Für manche Trauernde ist es heilsam, die Sachen des verstorbenen Menschen selbst zu tragen, sichtbar oder unsichtbar. Andere fühlen sich wohl damit, wenn sie aus der Kleidung etwas Neues schaffen können. Und wieder andere erleben es als hilfreich, wenn sich jemand findet, der einige der Sachen übernimmt und gerne trägt.

Auch hier ist es wichtig, dass du den für dich passenden Zeitpunkt abwartest, dich mit der Kleidung des gestorbenen Menschen zu befassen. Dann wirst du auch den für dich stimmigen Umgang damit finden.

Aus Kleidung etwas Neues schaffen

Egal, was andere sagen: Lass dir die Zeit, die du brauchst! Es gibt nur *einen* optimalen Zeitpunkt für das Sortieren der Kleidung: deinen eigenen. Manche wollen schon bald nach dem Tod eines Menschen alles auf- und wegräumen, was noch da ist. Manche brauchen dafür viel Zeit – und das dürfen auch Jahre sein.

Vielleicht hilft dir der Gedanke, dass du aus der Kleidung etwas Neues schaffen kannst, entweder selbst oder durch professionelle Hilfe. Etwas Neues, das neu genutzt werden kann. Hier sind einige Anregungen:

- ein Kissen oder eine Patchworkdecke nähen
- aus Pullovern neue Schals oder aus Jeans, Hosen oder Jacken Taschen, Mützen oder Hüte herstellen
- Buchumschläge oder Topflappen herstellen
- ein Kuscheltier nähen, wie es zum Beispiel Jana Hellekamps mit ihrer Firma „Roccofant" tut
- Fotos von der Kleidung anfertigen vor dem Weggeben, aus den Fotos eine Collage basteln oder sie in ein Erinnerungsbuch einkleben.

Krankschreibung

Kann ich wegen Trauer krankgeschrieben werden? Bei meinen Vorträgen, in Seminaren, auf meinem Blog sowie bei meinen Trauerbegleitungen begegnet mir diese Frage sehr oft. Sie zeigt mir: Die Menschen *wollen* offensichtlich wegen Trauer krankgeschrieben werden. Oft erläutern sie mir zusätzlich ihren Zustand und ihre Einschätzung, dass sie nicht arbeiten können.

Es ist weit verbreitet, das von einem Arzt ausgestellte Attest als „Krankschreibung“ zu bezeichnen. Aber es ist nicht die offizielle Bezeichnung dafür. Auf dem Dokument steht richtigerweise „Arbeitsunfähigkeitsbescheinigung“.

Es geht auch gar nicht um die Frage: Krank oder nicht? Das Attest ist eine offizielle Bescheinigung, dass eine Person für einen gewissen Zeitraum nicht arbeitsfähig ist. Es bedeutet nicht zwingend, dass sie krank ist. Das zu unterscheiden ist wichtig. Denn die durch Trauer ausgelösten Reaktionen können einen Menschen so stark beeinträchtigen, dass er nicht arbeitsfähig ist. Dennoch ist er nicht krank.

In Fachkreisen wird intensiv diskutiert, ob Trauer als Krankheit bezeichnet werden soll oder nicht. Das ist eine Diskussion, die am Erleben der Menschen vorbeigeht, denn die meisten haben gar nichts dagegen, sich als „krank“ beschreiben zu lassen – auch wenn das Wort meist nicht wirklich zutrifft. Seit 2022 ist in den weltweit geltenden „Internationalen Klassifikationen aller Krankheiten“, die von der Weltgesundheitsorganisation herausgegeben werden, unter dem Code 6b42 die „verkomplizierte Trauer“ aufgeführt. Sie wird auch als „Anhaltende Trauerstörung“ bezeichnet. Wenn ein Arzt oder eine Ärztin diese Diagnose stellt, kann sich ein Betroffener zu einem Psychologen und in eine Therapie überweisen lassen – leider noch nicht zu einem Trauerbegleiter, da die Krankenkassen dies noch nicht anerkennen.

Verkomplizierte Trauer kann diagnostiziert werden, wenn ein Mensch länger als sechs Monate unter sehr heftigen Symptomen leidet, die durch die Trauer verursacht werden. Dazu können eine enorme Sehnsucht nach dem verstorbenen Menschen, anhaltende Konzentrationsschwäche, Schlafstörungen, Appetitlosigkeit etc. gehören.

Letztlich geht es um die Frage, ob die trauernde Person fähig oder unfähig ist, ihrer Arbeit nachzugehen beziehungsweise nach einer gewissen Zeit in den geregelten Arbeitsalltag zurückzukehren.

Deine Reaktionen müssen nicht sehr stark sein, um dir eine Arbeitsunfähigkeit bestätigen lassen zu können. Auf dem Attest kann auch „Anpassungsstörung“ oder „akute Belastungsreaktion“ stehen. Das sind Sammelbegriffe, unter denen vieles zusammengefasst werden kann, was allgemein als Überforderung gilt. Auch eine große Unruhe oder Konzentrationsschwierigkeiten passen in dieses Schema.

Kurzum: Trauer kann arbeitsunfähig machen, gleichwohl aber nicht krank.

Kuren für Trauernde

Längst gibt es spezielle Kurangebote für Menschen in Trauer- und Verlustsituationen. Meistens sind diese Angebote gekoppelt an Gesprächskreise, Bewegungsangebote, an die Möglichkeit, sich mit anderen Betroffenen auszutauschen. Horche einmal in dich hinein, ob das etwas für dich sein könnte. Meiner Erfahrung nach ist es wichtig, sich ein Angebot zu suchen, das der individuellen Verlustsituation Rechnung trägt. Je passgenauer, desto besser. Eine Kur ist zudem immer als Auftakt zu weiteren Prozessen anzusehen, nicht als Abschluss.

Kriegskinder oder Kriegsenkel

Je näher Menschen noch an Kriegserlebnissen sind, desto weniger „können" sie Trauer. Wo traumatische Grenzerfahrungen alles überlagern, manchmal sogar über Generationen hinweg, ist ein differenzierterer Blick auf das eigene Innenleben und auf das Erleben der Trauer oft gar nicht möglich. Wo Krieg ist, da muss sich die Seele selbst schützen – durch Verdrängung, Verleugnung oder die Verweigerung, genau hinzusehen. Je extremer die Erfahrungen, desto nötiger der Selbstschutz. Durch den Angriffskrieg Russlands auf die Ukraine müssen dies seit 2022 in Europa erneut viele Menschen erfahren. Und viele „können" Trauer seit Generationen, seit den Weltkriegen nicht oder nur schwerlich.

Auf einem Trauerweg, der nicht zusätzlich durch traumatische Erlebnisse in der Vergangenheit belastet ist, finden wir früher oder später die richtigen Fragen, die uns weiterführen. Wir finden sie in der Mitte, im Grau, nicht im Schwarz oder im Weiß. So einen Trauerweg muss jeder Mensch für sich selbst beschreiben und beschreiten. Dazu brauchen wir Vorbilder. Doch viele Menschen hatten und haben diese nicht. Denn die beiden Weltkriege haben unsere Trauerfähigkeit über Generationen beeinflusst. „Freudlose Riesen" nennt der Psychoanalytiker Wolfgang Schmidbauer die aus dem Krieg heimgekehrten Männer.[4] „Es wurde vor allem geschwiegen", berichten viele Teilnehmer, wenn es in Seminaren darum geht, die persönlichen Kriegsprägungen durch die Eltern auszuloten. Nicht über Schweres sprechen, es mit sich selbst ausmachen, einfach weitermachen, das war für eine ganze Generation vermutlich gar nicht anders möglich.

Die Journalistin Sabine Bode hat mit ihren Büchern[5] diese Nachwirkungen der Kriege vielen Menschen bewusst gemacht. Der Generationswechsel zwischen Kriegskindern und -enkeln fand ungefähr in den späten 1950er- und frühen

1960er-Jahren statt. Ich bin mit meinem Geburtsjahrgang 1975 ein „klassischer Kriegsenkel“. Doch erst in jüngster Zeit begreife ich, wie stark mich diese generationale Weitergabe geprägt haben dürfte. Bist du in deiner Trauer möglicherweise auch von dem Kriegserleben deiner Eltern und Großeltern geprägt?

Meine Kriegsprägung

Zeichne einen Stammbaum deiner Familie. Überlege dir zu jeder Person in deiner Familie, wie tief die Kriegsprägungen gewesen sein könnten. Wurde in deiner Familie über diese Jahre geschwiegen? Hast du gelegentlich Symptome wie jene, über die die zahlreichen Interviewten in Sabine Bodes Buch „Kriegsenkel" klagen[6] und die ebenfalls auf eine generationale Kriegsprägung hindeuten könnten: große allgemeine Verunsicherung, Mangel an Urvertrauen, Hang zu depressiven Schüben, diffuse Ängste oder das Gefühl, sich selbst zu blockieren? Und schließlich: Als wie souverän erlebst du dich selbst im Umgang mit deiner Trauer?
Dann ist es ist hilfreich, deine Situation mit einer therapeutischen Fachperson zu besprechen. Auch Trauerbegleiter und -begleiterinnen können dabei helfen. Der Verein „Kriegsenkel" listet auf seiner Website zudem Beratende auf, die in ihrer Arbeit diesen Schwerpunkt gesetzt haben.

Lachen

Acht Monate nach dem Beginn des russischen Angriffs auf die Ukraine sitzt Wolodymyr Selenskyj in einer U-Bahn-Station in Kiew – weil es dort sicherer ist – und erzählt dem amerikanischen Talkmaster David Letterman einen Witz. Einen Kriegswitz, der die Russen aufs Korn nimmt. „Das Lachen hilft uns, nicht verrückt zu werden“, schiebt er hinterher.[7] Ein eindrucksvoller Beleg dafür, dass Menschen selbst in den schlimmsten Situationen noch etwas zu lachen finden. Sogar in Kriegen und bei Katastrophen ist Lachen Balsam für die Seele. Wie schade, dass sich viele trauernde Menschen unsicher sind, ob sie überhaupt lachen dürfen.

Natürlich dürfen Trauernde lachen. Humor schafft Distanz und zieht eine Ebene ein, von der aus man die Dinge einen wohltuenden Moment lang aus einer anderen Perspektive betrachten kann. Trauernde erleben es meist als befreiend zu lachen – zumindest für einen kurzen Augenblick. Und wer noch nicht in seiner Trauer angekommen ist, lacht oft um zu verdrängen.

Eine Weisheit aus dem Zen-Buddhismus, dem französischen Philosophen und Zen-Meister Soji Enku zugeschrieben, besagt: „Humor und Tod ergeben eine gute Mischung.“ Wie das gehen kann, machen uns die Wiener in ihrer eigenen Mischung aus Ironie und Derbheit vor. Das Wiener Bestattungsmuseum bietet in seinem Shop einen Turnbeutel an, auf dem steht: „Ich turne bis zur Urne.“ Es gibt dort auch ein T-Shirt mit einem Leichenwagen und dem Spruch darauf: „Der letzte Wagen ist immer ein Kombi.“[8]

Vor allem Hinterbliebene können solchem Humor etwas abgewinnen. Du wirst in deiner Trauer vielleicht auch feststellen, dass du über andere Dinge lachen kannst als zuvor, dass dein Humor schwärzer geworden ist.

Lachen ist nahe am Weinen – und geht manchmal direkt ineinander über. Das kann sehr wohltuend sein. Und schließlich geht es bei beidem vor allem um eins: nicht verrückt zu werden.

Einen Humorvorrat anlegen

Der Religionswissenschaftler Harald Alexander Korp, der unter anderem als Sterbebegleiter und Humor-Coach arbeitet, rät, sich einen Humorvorrat anzulegen.[9] Er stellt Humor als eine grundsätzliche Haltung dem Leben und dem Sterben gegenüber dar, wie beispielsweise Klinik-Clowns sie leben. Vielleicht magst du es dir zu einer Gewohnheit machen, trotz allem täglich eine Portion Heiterkeit zu suchen, ohne die Ernsthaftigkeit in allem zu verleugnen? Du könntest damit beginnen, dich bewusst an lustige Momente mit dem verstorbenen Menschen zu erinnern. Worüber konntet ihr gemeinsam lachen? Darüber nachzudenken ist zunächst vielleicht traurig – aber zugleich macht es heiter.

Lebensorientierung

Bei aller Schwere und allem Kummer, den die neue Situation seit dem Verlust mit sich bringt, gibt es immer wieder auch Momente, in denen sich Trauernde ihrem eigenen Leben zuwenden. Hast du das auch schon erlebt? Momente, in denen du wieder deinem Hobby nachgehst oder Pläne machst und in denen du dich für ein paar kurze Augenblicke vielleicht sogar gut fühlst, obwohl die Schwere sich nicht gänzlich aufgelöst hat. Solche Momente sind meist nicht von Dauer. Das Pendel schwingt mal auf die eine, mal auf die andere Seite. Es wird ständig von unsichtbaren Kräften in Bewegung gehalten, und dies keinesfalls gleichmäßig.

Bist du nicht mehr in der anfänglichen Schockstarre oder Lähmung gefangen, kannst du manchmal auch einfach du selbst sein. Auch dann hat sich deine Trauer nicht verflüchtigt, sie ist aber kurzzeitig in den Hintergrund getreten.

Dr. Margaret Stroebe und Dr. Henk Schut von der Universität Utrecht beschreiben in ihrem „Dualen Prozessmodell der Trauerbewältigung“[10] die Trauer als einen steten Wechsel zwischen einer neuen Lebensorientierung und Lebensgestaltung auf der einen Seite des Pendelausschlags und einer starken inneren Schmerzbezogenheit, Verlustorientierung und inneren Einkehr auf der anderen Seite.

In einer Trauer- und Verlustkrise existieren immer beide Pole zugleich, auch wenn sie nicht immer in gleicher Intensität spürbar sind. Am Anfang blitzt die wieder aufkeimende Lebensorientierung vielleicht nur als ein kurzer Gedanke auf: „Ich könnte ja mal wieder …“ Aber irgendwann werden längere Gedankengänge daraus, Überlegungen und vielleicht sogar Pläne. Es kann eine Weile dauern, bis sich das wieder einstellt, vielleicht Monate. Es braucht viel Geduld.

Margaret Stroebe und Henk Schut haben ihr Modell später noch ergänzt und eingeräumt, dass sich Trauer auch in einer so kolossalen Überforderung zeigen kann, dass keine Lebensorientierung möglich ist. Doch auch in einem solchen Fall muss das nicht bedeuten, dass es sich niemals wieder verändern wird. Die trauernde Person sollte allerdings therapeutische Hilfe suchen.

Was machst du gerne?

Liste alle Tätigkeiten und Hobbys auf, die dir früher Freude gemacht haben. Male hinter jeden Punkt der Liste einen „Lautstärkeregler", eine Skala von 0 bis 10. 0 steht für „Diese Tätigkeit kann ich mir im Augenblick gar nicht vorstellen", 10 für „Das möchte ich jetzt unbedingt wieder einmal tun". Zeichne zu jedem Punkt deine aktuelle Neigung oder Abneigung, es zu tun, in die Skala. Nimm dir deine Liste in den kommenden Wochen und Monaten regelmäßig wieder vor, vielleicht an jedem Wochenende, und prüfe deine aktuelle Stimmung dazu. Gibt es Veränderungen? In Nuancen? Trage deine aktuelle Position jeweils in einer anderen Farbe in die Skalen ein, dann werden die Veränderungen augenscheinlich.

Liebe

Deine Trauer ist Liebe. Menschen, die jemanden verloren haben, den sie liebten, haben in der Regel den dringlichen Wunsch, ihre Liebe zu diesem Menschen zu behalten. Sie wollen sie fortführen. Sie lieben den verstorbenen Menschen ja noch genauso wie früher, als er noch lebte.

Liebe ist ein vielfältiges Gefühl, das sich immer weiter entwickelt. Und das ändert sich auch nicht durch den Tod eines Menschen. Liebe bleibt wandelbar, Liebe ist ein Prozess. Liebe darf auch eine andere Gestalt annehmen und das bedeutet nicht, dass sie verschwindet. So wird auch deine Liebe zu dem Menschen, um den du trauerst, bleiben, auch wenn sie sich womöglich mit der Zeit verändert.

Für viele, die um eine Partnerin oder einen Partner trauern, ist es zunächst unvorstellbar, dass sie jemals wieder einen anderen Menschen so lieben können wie die verstorbene Person. Und das wird auch nicht so sein. Es kann aber sein, dass sich die Liebe zu dem oder der Verstorbenen wandelt, wodurch Neues möglich wird, und sich zur alten Liebe eine neue dazugesellt.

Wer sich nach einem Verlust neu verliebt, hat oft ein schlechtes Gewissen. Eine neue Liebe scheint das, was bisher war, zu entwerten. Doch nur weil sich etwas Neues einstellt, wird das Alte nicht verschwinden.

Eine neue Liebesbeziehung aufzunehmen bedeutet aber auch, eine Beziehung zu dritt einzugehen, denn der verstorbene Mensch spielt weiterhin eine Rolle. Oder es wird eine Beziehung zu viert, wenn sich zwei trauernde Menschen zusammentun. Das kann mit Eifersüchteleien einhergehen, doch damit können Liebende ebenso zurechtkommen wie mit Eifersucht auf eine lebende Person.

Etwas Erstaunliches geschieht mit der elterlichen Liebe, wenn Eltern ein Kind verlieren: In allen Fällen, die ich kenne, hat sie sich als ein ganz besonders fester Fels in der Brandung erwiesen. Verwaiste Eltern berichten mir immer wieder, dass sie ihr Kind auch nach vielen Jahren so fest im Herzen tragen wie seit eh und je. Der Schmerz kann über die Jahre weniger werden. Nicht aber ihre Liebe.

Wenn du magst, stell dir deine Liebe vor wie einen Fluss, dessen Wasser an einer Gabelung in zwei Richtungen weiterfließt. Die Gabelung entsteht zum Zeitpunkt des Verlusts. Ein Teil deines Wassers fließt in das Schmerzgebiet, ein anderer Teil in dein neues Land.

Erlaubnisse und Ermutigungen, die dir helfen können

Ich habe ein paar Leitsätze beziehungsweise Affirmationen für dich gesammelt, die vielleicht hilfreich sein können. Vielleicht fallen dir noch eigene ein, die du dir aufschreiben magst?

Affirmationen, die sich an den verstorbenen Menschen richten:

- Du bleibst wichtig, auch wenn du gestorben bist – und ich bleibe wichtig, weil ich noch hier bin.
- Meine Liebe zu dir bleibt bei mir und sie bleibt in der Welt, auch wenn sie sich verändert.
- Du musstest so früh gehen – dein zweites Leben lebst du in meinen Erinnerungen.

Affirmationen für dich selbst:

- Meine Trauer ist Liebe – mit dem Tod ist die Liebe nicht verschwunden.
- Es gibt eine Brücke zwischen weiter lieben und neu lieben – diese Brücke bin ich selbst.
- Ich darf mich in meiner Trauer weiterentwickeln, manches wird heilen, manches darf zerbrochen bleiben.

Loslassen

Hartnäckig hält sich die Vorstellung in der Welt, wir dürften unsere Toten nicht festhalten. „Du musst jetzt loslassen“, hören Menschen in einer Trauer- und Verlustkrise aus ihrem Umfeld immer wieder. Oder es wird insgeheim so über sie gedacht. Das schadet Trauernden, da es ihren tief gefühlten Wunsch, festhalten zu wollen, in Abrede stellt.

Die Idee vom Loslassen geht zurück auf die frühe Phase der Psychoanalyse. Vor allem Sigmund Freud riet Trauernden dazu, ihre seelische Energie nicht weiter auf die Toten zu richten, sondern auf das Leben. Der Erste Weltkrieg und kurz danach der Zweite Weltkrieg mit Millionen von Toten werden ebenfalls ihren Anteil daran gehabt haben, dass sich dieses Konzept durchsetzte. In Zeiten massenhafter Traumatisierung war es für viele die einzige Überlebensstrategie, das Erlebte zu verdrängen.

Heute geht die Trauerforschung davon aus, dass weder ein krampfhaftes Loslassen hilfreich ist noch ein krampfhaftes Festhalten. Man ist sich aber darüber einig, dass unsere Beziehungen zu den verstorbenen Menschen weitergehen dürfen, in welcher Form auch immer.

Mit dem Tod endet das Leben eines Menschen, nicht aber unsere emotionale Verbindung zu ihm. „Fortgesetzte Bindungen“ wird diese Idee in der Forschung genannt. Viele Menschen in einer Trauer- und Verlustkrise gehen automatisch in eine solche Bindung hinein, weil sie spüren, wie gut es ihnen tut. Manche reden mit ihren Toten, manche suchen gerne Orte auf, wo sie sich ihnen nahe fühlen.

Es bleibt deine Aufgabe, zu begreifen, dass dieser Mensch wirklich gestorben ist und nie zurückkehren wird. Doch zugleich darfst du dich weiterhin mit dem verstorbenen Menschen verbunden fühlen. Und diese Verbindung darf sich verändern, wie sich alles im Leben wandelt.

Zugleich darfst du neue Beziehungen zulassen, neue Freundschaften oder neue Liebesverhältnisse. Etwas vom Alten wird immer bleiben.

Lernen in Verbindung zu bleiben

Wie wir den Verlust annehmen und dennoch die Verbindung halten, können wir von Eltern lernen, deren Kinder sich in der Pubertät abzunabeln beginnen und irgendwann aus dem Haus gehen. Von Anfang an fordern Kinder konsequent ihre Entwicklung ein, das beginnt schon mit den ersten Schritten und irgendwann gehen sie ihren ganz eigenen Weg. So kannst du auch den verstorbenen Menschen betrachten: Er ist todpubertär. Auf einem Weg irgendwohin, auf dem du ihn nicht mehr begleiten kannst. Aber du bleibst in Verbindung.

Missgunst

Oft berichten mir Menschen in einer Trauer- und Verlustkrise, wie sehr sie andere, die nicht von einem Todesfall betroffen sind, um ihre Unversehrtheit beneiden. Wie sehr sich Wut und Zorn breitmachen, wenn sie fröhliche Menschen sehen, die unbeschwert das Leben genießen. Wie sehr sie vor ihren eigenen Gefühlen erschrecken, wenn sie anderen Menschen Schlechtes wünschen. Vielleicht kennst du so etwas? Da berichtet eine Nachbarin von ihrem an Krebs erkrankten Ehepartner und dass die Therapie gut anschlägt und du ertappst dich bei dem Gedanken: Warum kann nicht dieser Mensch sterben, warum musste das bei uns geschehen?

Du bist kein böser Mensch, weil du so denkst. Klar, die Scham ist groß, wenn wir uns bei solchen Gedanken erwischen. Doch tatsächlich geht es dabei um etwas anderes: Du möchtest andere ja gar nicht leiden sehen, du möchtest einfach nur selbst nicht mehr so leiden müssen.

Stell dir einen Schwamm vor, der schon so viel Wasser aufgenommen hat, dass er nicht noch mehr aufnehmen kann. So kannst du dir deine Seele vorstellen oder deinen Kopf oder dein Herz: Einfach zu voll. Keine Kapazitäten mehr, um noch mehr aufnehmen zu können. Dein Neid oder deine Missgunst sind dann die Überlaufreaktion, eine seelische Schutzmaßnahme, die dich vor dem Kollaps bewahren will.

Der Neid erfüllt in der Trauer eine wichtige Funktion. Er weist uns auf etwas hin, das nicht gesehen wird – auf unsere Bedürfnisse, Sehnsüchte und Wünsche, unseren Wunsch nach Heilung beispielsweise. Weil der Neid zu den aufwühlendsten, schamvollsten und verbotensten Gefühlen gehört, fällt es uns so schwer, ihm zu begegnen, ihn uns einzugestehen.

Haben wir einmal erkannt, was hinter solchen Gefühlen steckt, können wir wieder uns selbst in den Blick nehmen: Was brauchen wir jetzt, in dieser Phase unserer Trauer? Was täte uns gut? Was fehlt uns gerade am meisten?

Den Neid zulassen und ihn befragen

Neid oder Missgunst sind so stechende Gefühle, dass sie sich schnell in den Vordergrund drängen – und doch sind sie ein Ausdruck für etwas anderes. Deswegen kann es hilfreich sein, zu erforschen, was dein Neid dir sagen will. Ein markantes Beispiel ist die Mutter eines Sternenkindes, die den Anblick liebevoller Eltern mit ihren Kindern nicht ertragen kann – hinter ihrem Neid steckt die Sehnsucht nach dieser Unversehrtheit und nach ihrem verstorbenen Kind. Du solltest niemals versuchen, deinen Neid zu unterdrücken oder wegzuschieben, denn das funktioniert nicht. Stattdessen kannst du versuchen, genauer hinzuschauen und zu fragen: Worum geht es jetzt wirklich? Ein erster Schritt ist dabei die Frage, worauf genau du neidisch bist. Fast immer, wirst du vielleicht feststellen, geht es dabei um Liebe. Denn Trauer ist Liebe.

Musik

Musik ist mächtig: Sie kann einen direkten Zugang zu verschütteten Gefühlen öffnen. Musik hat eine Schleusenkraft. Sie kann dazu beitragen, dass die Trauer zu fließen beginnt und sich die Menschen ihr ganz bewusst aussetzen. Möglicherweise kannst du dich durch Musik in all deinem Schmerz verstanden fühlen. Viele berühmte Komponisten haben ihre Trauer in ihre Musik hineinfließen lassen, viele Pop- und Rockmusikerinnen haben Songs für verstorbene Menschen geschrieben, mit denen sie gemeinsam ein Stück des Lebensweges gegangen waren. Für Menschen, die selbst musizieren, kann Musik ein starkes Medium sein, um ihre Trauer fühlen und ausdrücken zu können.

Musik weckt immer auch Erinnerungen. Hören wir ein bestimmtes Lied, wissen wir oft noch genau, wann und in welcher Situation in unserem Leben es eine Rolle gespielt hat. Deshalb ist Musik für Trauernde durchaus ambivalent und will gut dosiert sein, damit die Erinnerungen nicht allzu sehr wehtun, sondern dich in wohltuender Weise deinem verstorbenen Menschen nahe bringen.

Musik kann jedoch auch *zu* mächtig sein. Dann stößt sie dich mit aller Macht in Seelenzonen, die du noch gar nicht näher ansehen kannst. Es ist nicht immer leicht, die Grenze zu erspüren, ab wann die Wirkung von Musik umschlägt. Deswegen gilt für Musik genauso wie für Fotos oder Erinnerungen allgemein: Manchmal ertragen wir sie nur in homöopathischer Dosierung.

Männer tun sich meiner Erfahrung nach oftmals schwerer damit, ihrer Trauer und ihren Gefühlen über die Musik Raum zu geben. Wenn es dir auch so geht, versuche es mit dem Zugang zur Musik an Orten, an denen sich die Menschen üblicherweise von ihr berühren lassen, wo es also sozial „erlaubt“ ist und wo du durch einen Blick ins Programm schon vorher weißt, was dich erwartet, z.B. im Theater oder bei Kirchenkonzerten. Oder meinetwegen auch im Fußballstadion.

Schleusensongs sammeln

Auf Spotify findest du viele Sammlungen von Musik über Trauer. Stephi und Jenny, die beiden Moderatorinnen des Podcasts „Ich bin hier und du bist tot" haben eine Playlist angelegt, ebenso wie das baden-württembergische Bestattungshaus Widmann. Noch mehr Playlists gibt es aus dem englischsprachigen Raum (Stichworte: „Grief" und „Loss", also Trauer und Verlust). Hier eine kleine Auswahl:

- Ich bin hier und du bist tot. Songs über Trauer (von: Stephi & Jenny)
- Trauerbewältigung (von: s-k-widmann)
- Coping with loss (von: Spotify)
- Playlist for grief and loss (von: Chelsea Dorsey)
- Songs About Death, Loss And Grief – folk, indie & pop (von: your own kind of music)

Natürlich kannst du dir auch eine Playlist mit deinem ganz eigenen Trauermix anlegen. So wie Musikfans früher zu Zeiten der Audiokassetten eigene Mixtapes mit der Musik anlegten, die sie als heilsam und wohltuend für sich empfunden haben. Mich haben meine Mixtapes durch die schwierigen Teenagerjahre getragen.

Mythen

Über die deutsche Fußballnationalmannschaft sagt man scherzhaft, dass sie nicht nur einen Nationaltrainer habe – sondern 82 Millionen. Die es alle besser wissen, die alle eine eigene Idee haben, wie es besser funktionieren würde. Beim Thema Trauer ist es ähnlich. Was dazu an Halbweisheiten verbreitet wird, ist oft nicht nur völlig aus der Luft gegriffen oder längst überholt, sondern auch schädlich. Dennoch halten sich manche Mythen hartnäckig.

Die folgenden fünf Sätze sind in der Hitliste der Trauermythen meiner Erfahrung nach ganz weit oben:

1.) Wer trauert, sollte auch weinen.
2.) Wer zu lange trauert, wird depressiv.
3.) Lange Trauer ist eine Krankheit.
4.) Trauer muss „bewältigt“ werden, es braucht „Trauerarbeit“.
5.) Man muss loslassen können.

Zu allen fünf Sätzen gibt es nur eine Sache zu sagen: Sie sind falsch. Es sind Mythen, die sich leider immer noch verbreiten und die an verschiedenen Stellen in diesem Buch entkräftet werden.

Gerade an diesen Sätzen zeigt sich die Hilflosigkeit der Menschen aus deinem Umfeld, die dir etwas an sich Hilfreiches sagen wollen, es aber gar nicht besser wissen können, weil sie meist selbst noch nicht das erlebt haben, was du gerade erlebst. Was aber kannst du ihnen darauf antworten, zumal, wenn du die Sätze nicht einfach stehenlassen magst? Vielleicht wäre es gut, zunächst die freundlich gemeinte Intention anzuerkennen. Vielleicht so: „Es ist lieb von dir, dass du mir etwas Hilfreiches sagen möchtest.“ Und dann könntest du von diesem Buch erzählen – oder jedem anderen Trauerbuch, in dem es um ähnliche Themen geht – und davon, dass sich darin ganz andere Ansätze finden lassen.

Selbst wenn du dich von diesen Sätzen vor den Kopf gestoßen fühlen magst, kann es wichtig sein, andere Menschen nicht als Reaktion wiederum vor den Kopf zu stoßen – kaum etwas von dem, was du von anderen zu hören bekommst, ist lieblos gemeint. Hilflos mag es sein, ungeschickt vielleicht auch, aber da kann oft keiner etwas dafür.

Hinterfrage alle „Du solltest ..."

Du solltest jetzt mal ... weinen ... zu einer professionellen Trauerbegleitung gehen ... wieder ein gutes Buch lesen ... Trauernde bekommen so manchen nicht erbetenen Rat. Kennst du das auch? Vielleicht magst du alle diese Du-solltest-Sätze sammeln. Und dann: Hinterfrage sie. Hast du bei einem Satz ein ungutes Bauchgefühl, vertraue darauf: Deine Instinkte werden dich nicht trügen. Es kann gut sein, dass du es mit einem Mythos zu tun hast, den jemand unreflektiert äußert, weil es leichter ist, irgendwas zu sagen, als sich einzugestehen, dass man sprachlos ist, oder einfach nur für einen trauernden Menschen da zu sein.

Nachsterbegedanken

Viele Trauernde kennen den Wunsch, selbst auch zu sterben. Diese Nachsterbegedanken können in kurzfristigen Belastungsspitzen auftauchen oder sich für einen längeren Zeitraum einnisten. Der Sterbewunsch kann sehr quälend werden – doch in den meisten Fällen ist es lediglich eine Phase. Dennoch ist es wichtig, gut in sich hineinzuhorchen und auf sich achtzugeben. Manchmal ist es auch notwendig, sich professionell unterstützen zu lassen.

Der Wunsch, selbst sterben zu wollen, kann entstehen, wenn die Überforderung und Ohnmacht so groß werden, dass du das Gefühl hast, es nicht mehr aushalten zu können. Der Wunsch kann auch entstehen, wenn die Sehnsucht nach dem verstorbenen Menschen übermächtig wird und du dich einfach nur dorthin sehnst, wo er oder sie ist. Dahinter steht oft eine romantische Vorstellung: hinterhergehen, gemeinsam an einem Ort sein, zusammen sein, weil man zusammengehört. Menschen haben solche Vorstellungen, wenn sie sehr verliebt sind – und ebenso kommen sie aus gebrochenen Herzen von Menschen, die eine geliebte Person verloren haben.

So verständlich solche Visionen sind, ist es wichtig achtzugeben, im Nebel des Unverständlichen, den die Trauer um uns herum ausbreitet, nicht die Übersicht zu verlieren und im wahren Sinn des Wortes bei sich und am Leben zu bleiben.

Falls es dir gerade so geht, lies bitte die folgenden Tipps sorgfältig durch und horche weiter genau in dich hinein. Tu nicht mehr als das.

Den Auftrag annehmen

Wenn du das Gefühl hast, ganz von einer unstillbaren und quälenden Sehnsucht nach dem verstorbenen Menschen durchdrungen zu sein, kannst du darin auch einen Auftrag sehen, den dir die Trauer senden möchte: Den Auftrag, dich mit der Frage auseinanderzusetzen, wo du den verstorbenen Menschen jetzt für dich verorten möchtest, wo du dich ihm nahe fühlst. Es geht darum, dich weiter verbunden zu fühlen. Diesen Auftrag kannst du nur lebend erfüllen. Es gibt nur einen Weg, einem toten Menschen nahe zu sein: indem du für ihn weiterlebst.

Professionelle Hilfe holen

Wenn du aus lauter seelischer Erschöpfung das Gefühl hast, sterben zu wollen, solltest du unbedingt professionelle Unterstützung in Anspruch nehmen. Denn auch, wenn Trauer selten zu einer Depression führt, ist die Möglichkeit einer Depression nie ganz ausgeschlossen. Weil es sich dabei um eine ernsthafte Erkrankung handelt, die behandelt werden muss, sollte dies auf jeden Fall abgeklärt werden. **Kurzfristige Unterstützung** bekommst du bei der Telefonseelsorge, die unter Telefon 0800 1110111 oder online unter telefonseelsorge.de (auch mit Chat) kostenlos erreichbar ist.

Nachruf

Es gibt zwei Formen des Nachrufs: zum einen Texte über verstorbene Menschen, die in Zeitungen, Vereinspublikationen oder auf Websites erscheinen oder bei der Trauerfeier oder anderen Veranstaltungen vorgetragen werden. Zum anderen sind auch Todesanzeigen eine Form des Nachrufs.

Traditionell sind beide Formen eng an den Zeitraum zwischen Todeszeitpunkt und Trauerfeier geknüpft. Das ist verständlich, da die Traueranzeige unter anderem zur Information über die Trauerfeier dient und eine Trauerrede bei der Trauerfeier gehalten wird. Gleichzeitig ist diese Begrenztheit auf den engen Zeitraum schade. Denn die ersten Tage und Wochen nach dem Todesfall sind für die Hinterbliebenen oft so sehr von Chaos, Schmerz und Irritationen geprägt, dass es schwer sein kann, den Inhalt einer Rede wirklich aufzunehmen und sich später an darin enthaltene schöne Begebenheiten zu erinnern. Herz und Seele sind oft noch viel zu angegriffen dafür.

Deswegen möchte ich dazu ermutigen, es nicht bei einem Nachruf zu belassen – es ist nie zu spät für weitere.

Es gibt so vieles, was einen Menschen ausmacht. Seine Eigenschaften, seine Lebensgeschichte, seine Karriere, sein Familienleben, seine Hobbys, seine sonstigen Tätigkeiten wie Ehrenämter, seine Leistungen, nicht zuletzt seine Vorbilder. All das passt ohnehin nicht in eine Anzeige, manches wird einem erst später wieder bewusst. Vielleicht möchtest du einmal versuchen, einen Nachruf auf den Menschen zu schreiben, um den du trauerst. In einen solchen Text gehören ja kleine Anekdoten und Geschichten über den gestorbenen Menschen, sodass die Arbeit an einem Nachruf die Erinnerung wachhält. Das kannst du auch Wochen nach der Beisetzung beginnen. Oder du beauftragst einen Profi.

Auch Wiederholungen darf es geben. Jahr für Jahr erscheint in unserer Lokalzeitung eine Erinnerungsanzeige an einen vor Jahren verstorbenen Jungen; seine Eltern machen auf diese Weise darauf aufmerksam, dass er unvergessen bleibt. Bestimmt ist das für sie ein wichtiges Ritual im Jahresablauf geworden und inzwischen warten selbst Unbeteiligte wie ich auf die Anzeige.

Für Hinterbliebene: Einen privaten Nachruf schreiben

Du kannst einen privaten Nachruf verfassen und an dir liebe Menschen verschicken. Intimer, individueller, weniger offiziell als die Rede, die bei der Trauerfeier gehalten wurde. Du kannst Fotos einfügen und ihn auch selbst veröffentlichen, zum Beispiel im Internet.

Für Menschen im Umfeld von Trauernden: Einen Nachruf verschenken

Ein persönlicher Nachruf oder eine Sammlung einiger Erinnerungen aus dem Freundes- oder Kolleginnenkreis kann ein wertvolles Geschenk für Hinterbliebene sein.

Narben

„Wird es jemals wieder gut?“ oder „Wird es jemals aufhören?“, werde ich oft von Trauernden gefragt. Dann fasse ich die Erfahrungen der wahren Experten zu diesem Thema, den Menschen, deren Verluste schon viele Jahre zurückliegen, in einem Bild zusammen: Aus der Wunde kann irgendwann eine Narbe werden. Und wie bei allen Wunden gilt, dass sie mit der Zeit nicht mehr so unerträglich schmerzvoll sind; es fließt kein Blut mehr, außer sie platzen wieder auf, was durchaus geschehen kann. Die Wunde vernarbt irgendwann, doch an schlechten Tagen ist auch die Narbe schwer auszuhalten. Solche Tage werden mit den Jahren seltener. „Es vergeht kein Tag, an dem ich nicht an mein verstorbenes Kind denke, aber der Schmerz ist lange nicht mehr so schwer auszuhalten wie am Anfang.“ So beschrieb mir eine verwaiste Mutter ihre Empfindungen – 15 Jahre, nachdem sie ihre Tochter durch einen tragischen Unfall verloren hat.

Die meisten Menschen, die ich in ihrem Trauerprozess begleitet habe, betrachten nach einiger Zeit ihr Leben wieder als grundsätzlich lebenswert. Und sie erleben sich als durch den Todesfall gereifter, obwohl sie sich natürlich wünschen, es hätte ihn niemals gegeben. Häufig werden Menschen, die einen schweren Verlust erlitten haben, nach einigen Jahren selbst in der Trauer- oder Sterbebegleitung aktiv.

Wenn die Narbe immer mal wieder schmerzt, wird dadurch einerseits der Gram und der Kummer immer wieder in uns wach, aber andererseits bringt es uns wieder in Kontakt mit unserer Liebe für den verstorbenen Menschen. Spüren zu dürfen, dass diese nicht erloschen, sondern tief in uns eingebrannt ist, kann bei allem Schmerz auch beruhigend sein. Denn viele Trauernde haben große Angst davor, dass sie eines Tages ihre Gefühle für den verstorbenen Menschen verlieren könnten.

Allmählich vernarbende Wunden machen uns bewusst, dass alles im Wandel ist, auch der Schmerz. Es mag vielleicht keinen dauerhaften Trost geben, keine vollständige Heilung. „Die Zeit heilt alle Wunden“, stimmt eben nicht. Aber Zeit hilft beim Vernarben. Und wir erkennen, dass wir mit der Narbe weiterleben können.

Dein Inneres pflegen

Narben brauchen Pflege. Salben, Massagen, eine sanfte Kleidung, die nicht spannt und nicht zu eng anliegt. Auch seelische Narben brauchen Zuwendung und Pflege. Wenn du wieder einmal spürst, dass dich auch nach einigen Jahren der Schmerz noch übermannt, kannst du das auch als Aufruf verstehen, dass du dich deiner Trauer mehr zuwenden, ihr neue Aufmerksamkeit schenken solltest. Welche innere Pflege möchtest du dir dann gönnen? Welche Rituale tun dir gut? Manche Trauernde betrachten Erinnerungsfotos, andere gehen an einen Ort, den sie mit dem verstorbenen Menschen verbinden. Du kannst gemeinsame Lieblingsmusik hören oder dir Wärme schenken, ein Wohlfühl-Bad nehmen. Eine Trauernde hat mir erzählt, dass sie sich in solchen Momenten hinsetzt und zunächst den Schmerz einfach nur wahrnimmt und ihn annimmt.
Der neu erwachte Schmerz der Narbe kann dich auch daran erinnern: Ich lebe noch und kann die Erinnerung an dich wachhalten. Nichts kann mir das nehmen.

Ratschläge

Wahrscheinlich sagen dir viele Leute Dinge, die du überhaupt nicht hören willst. Ratschläge, die dir wehtun, obwohl sie gut gemeint sind. Diese Reaktionen des Umfelds bereiten Trauernden oft zusätzliches Leid. Dahinter steht in der Regel kein böser Wille. Es ist vielmehr Ausdruck der Unbeholfenheit und Ahnungslosigkeit der Mitmenschen, die selbst keine Trauererfahrung haben.

Trauern ist nur durch Trauern selbst lernbar. Wer noch nie getrauert hat, hat keine Ahnung davon. Dennoch werden sich Menschen berufen fühlen, dir Ratschläge zu geben. Das erleben alle, die in eine Trauer- und Verlustkrise geraten. Denn die Ungeheuerlichkeit des Todes und die daraus entstehende Hilflosigkeit und Verzweiflung ist für die Menschen im Umfeld von Trauernden oft schwer auszuhalten. Sie wollen gerne etwas Tröstendes anbieten. Aber das misslingt schnell.

Verständnis dafür ist das eine. Aber du darfst dich auch wehren und dich über gedankenlose Äußerungen ärgern. Tatsächlich kommt es beispielsweise immer wieder vor, dass verwaisten Eltern gesagt wird: „Du kannst doch noch so viele weitere Kinder bekommen."

Ratschläge sind Schläge. Und zwar immer dann, wenn wir nicht explizit um Rat gebeten haben. Am schlimmsten sind sie, wenn sie dir deine Trauer abzusprechen versuchen. Wenn es in Wirklichkeit darum geht, deine Gefühle klein zu reden, was leider oft geschieht. Doch du hast jedes Recht auf deine Trauer.

So ist es auch bei allen Hinweisen auf etwas vermeintlich Positives – oder dann, wenn Leute das große Weltenschicksal heraufbeschwören: „Lenk dich doch mal ab, gönne dir was Gutes." „Es war Gottes Wille, für diesen Menschen war jetzt seine Zeit gekommen." „Wenigstens hat dieser

Mensch das weltliche Leiden jetzt hinter sich …" „Ihr hattet doch eine so schöne Zeit zusammen." Und, und, und …

Auch wenn es schwer bleibt: Versuche die gute Absicht dahinter zu spüren. Menschen, die so etwas sagen, wollen nichts Böses. Sie wissen es einfach nicht besser.

Für Trauernde: Was tun gegen unerbetene Ratschläge?

Vielleicht gelingt es dir, dich als einen Menschen zu sehen, der eben einen Schritt weiter ist als andere. Du kannst Nachsicht üben mit denen, die noch nicht dort angekommen sind. Das fällt dir vielleicht etwas leichter, wenn du dich an die Zeit vor deinem Verlust zurückerinnern kannst: Was hast du anderen Trauernden gesagt – wie wenig wusstest du damals?

Für die Menschen im Umfeld von Trauernden: Was anbieten statt Ratschlägen?

- Löse dich von dem Gedanken, den Menschen etwas sagen zu müssen. Das musst du nicht.
- Aushalten und zuhören ist das Wichtigste, was du jetzt anbieten kannst. Einfach da sein.
- Wenn dir danach ist, etwas zu sagen, stelle Fragen: nach dem Befinden, nach Erinnerungen, danach, was die Menschen denken.

Ressourcen

Im therapeutischen Kontext wird oft die Frage nach den Ressourcen gestellt. Damit sind Fähigkeiten, Erfahrungen, Beziehungen und Kontakte gemeint, die in schwierigen Situationen hilfreich sind. Oft sind uns diese wertvollen Quellen innerer Stärkung gar nicht bewusst und zudem können sie durch das Krisengeschehen vorübergehend verschüttet und nicht mehr abrufbar sein.

Auch im Trauerprozess und erst recht in der ersten großen Betroffenheit können dir deine Ressourcen vollkommen unzugänglich erscheinen. Denn dein Leben hat sich grundlegend verändert: Bisher benutzte Fähigkeiten sind nicht mehr wichtig, Stärken, die es gab, scheinen nicht mehr vorhanden. Manche Menschen fühlen sich bei der Frage nach ihren Ressourcen zusätzlich hilflos, weil sie das Gefühl haben, ihrer Selbstwirksamkeit beraubt worden zu sein. Allein schon der Begriff ‚Ressourcen' vermittelt die Idee von etwas Großem, etwas Wichtigem, etwas Tragendem. Wo soll so etwas Kraftvolles noch herkommen, wenn man sich gerade als so ohnmächtig erlebt?

Aber Ressourcen verstecken sich auch und vor allem im Kleinen. Und die meisten Menschen in Trauer- und Verlustkrisen nähern sich ihnen an, ohne es zu bemerken. Denn auch im Gang zum Grab oder im Zwiegespräch, das viele mit ihren Verstorbenen führen, versteckt sich eine Ressource. Jedes kleine Ritual, das du vielleicht täglich praktizierst, kann zu einer Ressource werden. Du kannst dich einerseits darauf verlassen, dass du intuitiv Stärkendem nachgehst. Andererseits kannst du bewusst jeden Abend überlegen, was dir am vergangenen Tag gutgetan hat. Möchtest du das morgen wiederholen?

Die wohl wichtigste Ressource ist die soziale Unterstützung. Vielleicht gibt es Menschen in deinem Umfeld, die dir über lange Zeit wirklich zur Seite stehen. Außerdem kannst du mit anderen Trauernden sprechen, etwa in einer Trauergruppe vor Ort oder in Chats.

Energieräubern auf die Schliche kommen

Drehe die Frage nach deinen Ressourcen einmal um: Was kostet dich gerade am meisten Energie? Warum? Stell dir einen See in einer Region vor, die einer extremen Dürre ausgesetzt ist. Regen ist vorerst nicht in Sicht. Der See verliert viel Wasser, und das liegt auch an den Abflüssen, die er zu speisen hat. Welche Abflüsse sind das? Wo fließt deine Energie gerade hin? Da auf absehbare Zeit kein Regen zu erwarten ist, muss die Frage lauten: Wie kann ich Wasser sparen? Welchen der Abflüsse möchte ich in den kommenden Wochen nicht mehr bedienen?

Rituale

Die meisten Rituale pflegen wir, ohne groß darüber nachzudenken. Viele verstecken sich in unseren täglichen Gewohnheiten: Die Tasse Kaffee am Morgen zum Beispiel, die wir immer am selben Platz trinken.

Eine Krise, die das Leben auf den Kopf stellt, beeinflusst natürlich auch unsere alltäglichen Rituale und Gewohnheiten. Erst dadurch werden sie uns vielleicht bewusst.

In einer Trauer- und Verlustkrise können wir zweierlei Arten von Ritualen in den Blick nehmen: Die Alltagsrituale und die sogenannten Schwellenrituale, die die Zeit des Übergangs in deine neue Lebenssituation begleiten. Zu den Schwellenritualen kannst du alles zählen, was du vor dem Verlust noch nicht getan hast: den Tisch auch für den verstorbenen Menschen mit eindecken, die inneren Zwiegespräche mit den Toten, die viele führen, und mehr.

Alltagsrituale schaffen wieder eine Struktur, wenn dir die Tagesstruktur verloren gegangen ist. Das kann besonders dann der Fall sein, wenn dein Alltag vorher stark durch den Menschen geprägt war, den du verloren hast. Dann geht es darum, etwas Neues für dich zu finden: Statt des gemeinsamen Tees am Morgen, könntest du jetzt jeden Morgen zur gewohnten Zeit eine Kerze anzünden und dich in der Erinnerung mit dem verstorbenen Menschen verbinden.

Oder du überlegst dir morgens, wenn du dich anziehst, wie du deine Trauer auch äußerlich zeigen möchtest: Das kann ein schwarzes Kleidungsstück sein, vielleicht ein Schal, oder ein bestimmter Trauerschmuck, ein Ring, eine Brosche oder eine Kette. So nimmst du den verstorbenen Menschen mit dir in den Tag.

„Jeder Tag ein guter Tag." Diese Weisheit aus dem Zen-Buddhismus meint damit gerade die Tage voller Kummer und Gram. Die Betonung liegt mehr auf „Jeder" als auf

„guter“. Das irritiert auf anregende Art und Weise. Du kannst daraus ein Ritual für dich machen und dir jeden Abend überlegen, wo heute trotz aller Schwere das Gute in diesem Tag gewesen ist. Eine Antwort könnte lauten: Weil ich einen weiteren Tag den Erinnerungen an den verstorbenen Menschen nachspüren durfte – auch wenn es wehtat. Findest du weitere?

Hilfreiche Rituale

- Spüre morgens vor dem Aufstehen den Träumen der Nacht nach. Würdige so deine zweite Lebenswelt und sieh, was sie dir zu sagen hat. Dies ist in der Trauer hilfreich, weil sich darin die Verluste deines Lebens wieder melden können. Das ist wichtig für deinen Prozess.
- Baue feste Zeiten in deine Tage ein, in denen du bewusst auf Handy, Tablet und Laptop verzichtest. Dies wird dir besonders in der Trauer guttun, weil digitale Geräte zusätzlich seelischen Stress verursachen.
- Etabliere feste Zeiten, in denen du auf die Woche, den Monat, das Jahr zurückblickst und das Erlebte nachwirken lässt. Das unterstützt dich in deinem Trauerprozess, weil dir bewusst werden kann, wie viele kleine Schritte du bereits gegangen bist.

Scham

Sich schämen ob der eigenen Bedürftigkeit, sich schämen, weil man nicht mehr den gesellschaftlichen und sozialen Normen entspricht, sich schämen, weil man das Gefühl hat, weder dem verstorbenen Menschen gerecht zu werden noch den Menschen, die ebenfalls um ihn trauern, und und und ... Das Gefühl der Scham hat unzählige Facetten und ist vielen Trauernden vertraut.

Scham drückt sich aus in dem Wunsch, unsichtbar zu werden und sich vor allen Menschen zu verstecken. Da geht es um Ablehnung beziehungsweise um das Gefühl, abgelehnt zu werden. Das wird noch dadurch verstärkt, dass in einem Trauerfall immer auch die persönliche Identität betroffen ist: Wir müssen uns neu erfinden, weil eine Facette unseres bisherigen Lebens weggebrochen ist, die identitätsstiftend gewesen ist. Wir waren Mutter oder Vater von ... Partnerin oder Partner von ... Wenn wir verunsichert sind, wer wir eigentlich sind, fühlen wir uns umso schneller als Person abgelehnt.

Es gibt vieles, was in einem Trauerprozess Scham auslösen kann. Trauernde empfinden oft Scham, wenn der Mensch, den sie verloren haben, an einer Ursache starb, die tabuisiert wird. Dazu gehören Fehlgeburten und Suizide, aber auch Gewaltverbrechen.

Scham kann auch dadurch ausgelöst werden, dass Menschen in einer Trauer- und Verlustkrise signalisiert wird, sie müssten schon weiter sein als sie es sind oder sie seien „nicht mehr ganz richtig“. Da viele Trauernde Dinge tun, die auf wohltuende Art ein bisschen verrückt sind, trifft ein solcher Vorwurf oft einen wunden Punkt (mehr dazu findest du im Kapitel „Darf ich das?“).

Weil die Triggerpunkte für Scham sehr tief mit unserer Persönlichkeit verbunden sind, bleibt es in der Regel wirkungslos, wenn andere versuchen, dir die Schamgefühle auszureden. Du kannst es allerdings selbst mit dir versuchen (siehe unten).

Sich selbst ein guter Freund sein

Stell dir vor, dir berichten andere von etwas, das sie beschämt: Wärst du ihnen gegenüber nicht viel großzügiger als dir selbst gegenüber? Wenn das so ist: Ist dann deine Härte dir selbst gegenüber gerechtfertigt? Wirklich gute Freunde geben uns immer wieder zu verstehen: Ich finde dich richtig gut. Ich finde vielleicht nicht alles gut, was du machst, aber bei den Sachen, die ich nicht so gut finde, kann ich immerhin verstehen, *warum* du das machst. Vielleicht kannst du versuchen, diese Haltung dir selbst gegenüber einzunehmen? Sich selbst in seiner Scham akzeptieren zu können bedeutet nicht, einfach „Schwamm drüber" zu sagen und dann weiterzumachen. Es bedeutet, differenziert auf sich selbst zu schauen und sich freundschaftlich und wohlgesonnen beizustehen.

Schmerzen

Trauer versetzt deinen Körper und deine Seele in einen gegebenenfalls lange anhaltenden Stressmodus. Kein Wunder, dass das zu körperlichen Beschwerden führen kann – so wie bei jeder Art von seelischem Stress. Das können Kopfschmerzen sein, Bauchschmerzen, Herzrasen, ein Engegefühl in der Brust, Schwindelgefühle, Schweißausbrüche, Rückenschmerzen, bei Frauen ein Ausbleiben der Menstruation. Und wer hat bei akutem Stress noch nie erlebt, wie empfindlich der Magen-Darm-Trakt darauf reagiert?

Die Hormonmischung, die bei Stress durch den Körper gepumpt wird – zu der unter anderem Adrenalin gehört –, sorgt für erhöhten Blutdruck und eine raschere Atmung. Zugleich sorgt der Stress für permanente Anspannung in Körper und Seele. Diese kann sich in körperlichen Verspannungen bemerkbar machen, die ebenfalls schmerzhaft sein können.

Tatsächlich kann einem in einem Trauerprozess das Herz brechen. Dieses Phänomen ist als „Broken Heart Syndrom“ bekannt und kann ähnlich gefährlich sein wie ein Herzinfarkt.

Deswegen ist es wichtig, dass du zeitnah den Gang zur Arztpraxis antrittst, wenn bei dir entsprechende körperliche Reaktionen auftreten, statt sie mit einem achselzuckenden „Vergeht schon wieder“ abzutun. Wenn sich der Körper mit Schmerzen meldet, kann das aus der Seele stammen. Körper und Seele sollten dann gut beobachtet sein.

Männer sollten in einer Trauer- und Verlustkrise hinsichtlich der körperlichen Reaktionen besonders aufmerksam sein. Es ist zwar noch wenig erforscht und ich bewege mich auf der Grenze zum Klischee, wenn ich diese Erfahrung, die ich häufig mache, anspreche: Viele Männer reagieren stark körperlich auf einen Verlust, in meiner Wahrnehmung oft deutlich stärker als Frauen. Viele Männer gehen allgemein mehr über das Körperliche. Und weil es immer noch an Vorbildern mangelt, die zeigen, wie sich seelische Männernöte in treffende Worte kleiden lassen – sie fehlen noch bis in die jüngeren Generationen hinein, in denen vieles schon anders ist –, bleibt gerade bei Männern manches unausgesprochen, unerkannt und unbehandelt. Hilfreich ist dann zum Beispiel der Kontakt zu anderen trauernden Männern oder eine Trauerbegleitung.

Wenn alles weh tut: Body Scan

Kinder haben immer Bauchschmerzen. Je kleiner sie sind, desto mehr Bauchweh haben sie, auch wenn in Wahrheit der Kopf oder das Herz wehtut. Das liegt daran, dass sie ihr inneres Schmerzerleben noch nicht genau verorten oder artikulieren können. Menschen in einer Trauer- und Verlustkrise werden hinsichtlich des Schmerzerlebens oft wieder zu Kindern: Alles tut weh.

Wenn es dir auch so geht, probiere einmal eine Art Body Scan aus: Gehe langsam von oben bis unten durch deinen Körper, spüre gut in dich hinein und frage dich, wo genau welcher Schmerz sitzt. Kopfhaut, Stirn, Kinn, Hals, Nacken, Rücken – rechts, links, Arme, Hände, Brustkorb, Bauch … Lass dich dabei von den alten Sprichwörtern inspirieren, die durchaus ihre Berechtigung haben: „Das geht mir an die Nieren", „Ich kann das alles nicht mehr tragen" etc. sagen wir nicht von ungefähr. So kannst du mehr Klarheit bekommen bei der Frage, ob manche deiner Schmerzen nicht von deiner Seele herrühren könnten.

Schockstarre

Du bist tief im Urgrund deiner Seele erschüttert, du bist fassungslos und sprachlos. Die ersten Tage oder Wochen nach dem Verlust eines geliebten Menschen können dich so gewaltig überfordern, dass du in eine regelrechte Schockstarre verfällst. Es erscheint unvorstellbar, jemals wieder ins Handeln zu kommen, das Leben wie bisher wieder aufzunehmen oder überhaupt irgendetwas zu tun. Es kann sich anfühlen, als sei man der Zeit und der Realität enthoben, mit beiden gar nicht mehr verbunden. Dass die Welt einfach weitergeht für alle anderen – kaum begreifbar.

Wie tief der Schock sitzt, ist nicht direkt abhängig von der Art des Todes, obwohl die Schockstarre in der Regel stärker ausgeprägt ist, wenn der Tod unerwartet eintritt.

Es kann geschehen, dass sich zu dem Schock eine „große Klarheit“ gesellt. In einer fast schon ans Hellsichtige reichenden Schärfe war den Menschen, die mir von dieser Erfahrung berichteten, bewusst, was wichtig ist, was nicht, was jetzt unbedingt getan werden sollte, was liegenbleiben kann. Menschen, die dies erlebten, schien es, als hätte die Seele einen „Notfallfilter“ auf die Wahrnehmung gelegt, der sie befähigte, das Notwendige zu tun oder zumindest andere zu bitten, sich darum zu kümmern.

Ich habe oft erlebt, dass Menschen aus dem Verwandten- und Freundeskreis in eine Art Helferpanik und Aktionismus verfielen, während die nahen Hinterbliebenen in ihrem ersten Schock erstarrt waren. Solche Kümmerer wenden sich dann manchmal an mich: „Es hat jetzt diesen grässlichen Todesfall gegeben und die Hinterbliebenen brauchen jetzt sofort Ihre Hilfe.“ Dabei sind meine Dienste als Trauerbegleiter normalerweise erst wichtig, wenn der anfängliche Schock sich schon wieder zu lösen beginnt. In den ersten Tagen oder Wochen können Trauernde oft nur selektiv wahrnehmen, was ihnen gesagt wird und es können gar nicht alle Botschaften zu ihnen durchdringen. Denn das Gehirn arbeitet im Notfallmodus. Dies unterschätzen oft nicht nur zu aktive Angehörige, die unbedingt etwas für den trauernden Menschen tun wollen, sondern auch Bestatter und Amtspersonen.

Was Menschen in Schockstarre hingegen brauchen, ist einfach die Nähe von Verwandten oder Freundinnen und Freunden und die Gewissheit, nicht allein zu sein. Bis der Schock wieder nachlässt, hilft es vor allem, für den trauernden Menschen da zu sein. Einfach da sein! Seine Hilflosigkeit – und die eigene – aushalten. Darum geht es.

Schwer genug: Irgendwie weiter funktionieren

Manchmal geht es einfach nur ums Überleben. Darum, weiter zu atmen, irgendwie durch die Tage zu kommen. Je schwerer dir das fällt, umso mächtiger kann der Schock sein. Vielleicht nimmst du dich selbst als unwirklich wahr, wie eine Person aus einem Film. In diesen Schockzeiten des Anfangs kann es hilfreich sein, sich auf das Mindeste zu beschränken. Wenn du abends in deinen Kalender einfach nur ein „Weitergeatmet!" notierst – mit einem fetten Ausrufezeichen –, dann kannst du dir verinnerlichen, dass du etwas Kolossales geleistet hast. Und wie sehr du schon auf deinem Weg bist – denn du funktionierst. Rudimentär, roh, auf niedrigem Niveau. Aber: Hey, das ist nicht trivial! Manchmal ist das schon eine Lebensleistung. Sei stolz auf dich.

Schuld

Die Frage nach Schuld spielt in der Trauer oft eine große Rolle. Ich erlebe nur wenige Begleitungen, in denen Schuld kein Thema ist – oft steht sie sogar im Zentrum. So war es bei der Sternenkindmutter, die ihren Körper für den Tod ihres Kindes verantwortlich machte. Ebenso bei dem Witwer, der den Hausarzt wieder und wieder mit der Frage konfrontierte, warum dieser die Krankheit seiner Frau nicht früher bemerkt habe. Und so suchte auch die junge Frau, die die Tiefe der Traurigkeit ihres Mannes nicht erkannt hatte, die Schuld für seinen Suizid bei sich.

Bei Schuldgefühlen geht es letztlich immer ums Anklagen. Du klagst dich selbst an oder andere. Irgendjemand, irgendetwas *muss* doch schuld sein an diesem Tod!

Schuldzuweisungen sind für Außenstehende oft schwer nachvollziehbar. Sie können sehr quälend werden und eine große Übermacht bekommen. Manche Menschen verbeißen sich regelrecht in der Schuldfrage. Das liegt unter anderem daran, dass Schuld eine Funktion erfüllt. Eine Schuldzuschreibung, auch sich selbst gegenüber, folgt einer tiefsitzenden, inneren Logik: Sie gibt einem etwas. Sie ist ein Schutzwall gegen die Ohnmacht, die der Verlust mit sich bringt.

Viktor Frankl, der Begründer der Logotherapie, hat sinngemäß zusammengefasst: „Wenn wir einem Menschen die Schuld nehmen, dann nehmen wir ihm die Würde.“[11] Viele Menschen versuchen – zweifellos wohlmeinend – Betroffenen die Schuldgefühle auszureden: „Natürlich bist du nicht schuld“, sagen sie dann. Das hilft nicht. Denn der betroffene Mensch fühlt sich nicht verstanden. Manchmal fühlt es sich eben besser an, die Schuld an etwas zu haben, als eine unmenschlich große Ohnmacht aushalten zu müssen.

Deine Schuldgefühle

Ich will dir deine Schuldgefühle nicht nehmen. Ich glaube, dass sie wichtig sind für dich. Gleichzeitig lade ich dich ein, die folgenden Sätze auf dich wirken zu lassen:

- Schuld zuzuschreiben gibt uns Macht zurück. Dies gibt uns das Gefühl, dass die Situation veränderbar gewesen wäre. Die Alternative ist, die Hilflosigkeit akzeptieren zu lernen.
- Schuldgefühle geben Schutz. Die Suche nach der Schuld hat eine Dynamik, sie führt hinaus aus dem Körper und der Trauer. Die Alternative ist, sich den Schmerz zuzugestehen.
- Schuldfragen geben uns Halt. Schuldgefühle liefern eine Erklärung, wo es sonst keine gibt. Die Alternative ist, akzeptieren zu lernen, dass ungelöste Fragen dazugehören.
- Schuldzuschreibungen halten die Verbindung zum verstorbenen Menschen aufrecht. Wir bleiben im Kontakt mit ihm, weil wir etwas für ihn tun – nämlich Gerechtigkeit herstellen. Die Alternative ist, andere Möglichkeiten der Verbindung zu suchen.
- Schuldfragen folgen alten Mustern. Meistens ist es ein seit der Kindheit erlerntes Verhalten, andere oder sich selbst für Fehler verantwortlich zu machen. Eine Alternative ist, solche Muster zu hinterfragen.

Für Menschen, die Trauernde begleiten

Versuche dem Impuls zu widerstehen, die Frage nach der Schuld wegzureden, so irrational sie dir auch erscheinen mag. Setze möglichst sanft andere Impulse und signalisiere Verständnis. Vielleicht so: „Ich sehe, wie wichtig dir diese Frage ist." Oder: „Ich frage mich, ob es auch Vergebung geben könnte?"

Sehnsucht

In den Schmerz über den Verlust mischt sich bei vielen Trauernden bald eine starke Sehnsucht nach dem verstorbenen Menschen. Zeitweise kann diese Sehnsucht das Einzige sein, was deine Seele auskleidet, dann wieder überkommt sie dich nur für Augenblicke, tut aber jedes Mal verflucht weh.

Dieses schmerzliche Verlangen spielt im Trauerprozess fast immer eine Rolle und ist oft ein sehr intensives und belastendes Gefühl. Sehnsucht kann sich auf viele Dinge beziehen. Es gibt die Sehnsucht nach Gehaltenwerden und nach einer tieferen Art von Trost, die Sehnsucht nach einem „normalen" beziehungsweise dem „alten" Leben vor dem Verlust des geliebten Menschen, schließlich auch die Sehnsucht nach Berührungen, nach Körperlichkeit.

Am drängendsten ist aber meistens die Sehnsucht nach dem verstorbenen Menschen. Sie kann so heftig werden, dass die trauernde Person sich an den Ort wünscht, an dem der oder die Tote jetzt ist. Dieser Wunsch nach dem „Nachsterben" als eine Möglichkeit, wieder bei dem geliebten Menschen zu sein, beschäftigt viele. Dabei hegen Trauernde durchaus nicht den Wunsch, selbst tot zu sein. Es ist vielmehr eine romantische Vorstellung davon, wieder vereint zu sein.

Die Sehnsucht kann jederzeit und auch durch scheinbare Kleinigkeiten ausgelöst werden: ein bestimmter Geruch, eine Redewendung, ein Bild. Oder nach Hause zu kommen in eine Wohnung, in der der verstorbene Mensch nun nicht mehr ist. Wo einen statt des vertrauten „Hallo, bist du's?" nur Stille erwartet.

Die Sehnsucht nach dem oder der Verstorbenen ist einer der wichtigsten Indikatoren für eine sogenannte prolongierte Trauer oder anhaltende Trauerstörung (mehr dazu im Abschnitt „Krankschreibung"). Wer noch lange Zeit nach dem Verlust von einer schier übermächtigen Sehnsucht nach dem verstorbenen Menschen eingenommen wird, bei dem kann sich die Trauer tatsächlich verkompliziert haben. In diesem Fall sollte professionelle Hilfe in Anspruch genommen werden.

Was tun, wenn die Sehnsucht unaushaltbar wird?

Deine Sehnsucht will dir etwas sagen: dass es tiefe Wunden in deinem Inneren gibt, die geheilt werden wollen. Und nur du kannst diese Wunden versorgen. Gleichzeitig kann kein Mensch die Erinnerung an die verstorbene Person so gut bewahren wie du. Wenn dich also die Sehnsucht überkommt, schreibe dir etwas auf, an das du dich gerne erinnern möchtest. So bewahrst du dem verstorbenen Menschen ein würdiges Andenken – und näherst dich weiter deiner neuen Lebensaufgabe an. Sie besteht auch darin, den Tod immer mehr zu begreifen.

Sexualität

Der Psychotherapeut Irvin D. Yalom berichtet in seinem Buch „Unzertrennlich“[12], wie kurz nach dem Tod seiner Frau ein großes sexuelles Verlangen in ihm erwachte. Er erlebte es wie ein entfesseltes Monster. Brüste, andere Frauen und vieles mehr ließen ihn vor dem Einschlafen in sexuelle Obsessionen versinken. Was Yalom beschreibt, kann durchaus zum Trauerprozess dazugehören – auch wenn darüber so gut wie nie gesprochen wird.

Menschen in einer Trauer- und Verlustkrise können von einem fast übermächtigen sexuellen Verlangen überströmt werden, das oft mit einer großen Sehnsucht nach Nähe verbunden ist. Viele plagen sich dann mit einem schlechten Gewissen und Schamgefühlen. Schließlich haben sie gerade jemanden verloren, einen Partner, ein Kind, da scheint eine unbändige Lust auf so etwas – scheinbar – Profanes wie Sex fehl am Platz. Oft wird es geradezu als Verrat an dem verstorbenen Menschen erlebt. Wer seine Partnerin oder seinen Partner verloren hat, fühlt sich, als würde er gedanklich fremdgehen oder den verstorbenen Menschen entwerten.

Steuern lässt sich das alles nicht, es geschieht einfach. Wir können nur darüber spekulieren, warum gerade der Tod die sexuellen Triebe so sehr befeuern kann. Für mich erschließt sich diese Logik auf einer einfachen archaischen Ebene: eine neue Lebendigkeit schaffen, sich der Kraft des Lebens versichern, den Orgasmus als einen Augenblick absoluter Präsenz feiern … Wenn der Tod uns mit der Gewissheit konfrontiert, dass das Leben endlich ist, kann das in uns einen Überlebenstrieb wecken, der sich über dieses Ende erheben will.

Tatsächlich kann man sagen: Trauer macht geil. Trauer kann Triebe wecken. In unserer Gesellschaft gibt es dafür kaum Verständnis. Nur wenigen ist überhaupt bewusst, dass es diesen Zusammenhang gibt. Deshalb wird diesem Geschwisterpaar zu wenig Beachtung geschenkt, selbst in Fachkreisen.

Das ist bedauerlich. Denn Sexualität passt zur Trauer. Als Trost. Als Überhöhung des Lebens in etwas Rauschhaftes, um dem Tod seine Macht zu nehmen. Als Gegenpol zur inneren Gefühllosigkeit und zur Ohnmacht, die Trauer phasenweise mit sich bringen kann. Als Rückkehr ins Leben, das so intensiv vom Sterben beherrscht war oder noch immer ist. Sex kann eine Ressource sein, ein Hilfsmittel auf deinem Weg, das lustvoll und ohne Scham gelebt werden darf. Alleine oder – solange niemand darunter leidet und alle mit offenen Karten spielen – vielleicht auch mit einem Partner oder einer Partnerin.

Die Lebensenergie erkennen und willkommen heißen

Im Text zum Stichwort Energie habe ich davon erzählt, wie und wo sich deine Lebensenergie verstecken oder in unerwarteter Art und Weise bei dir zurückmelden kann, während du dich in deinem Trauerprozess noch vollkommen ohnmächtig fühlst. Sexualität ist eine Energiequelle. Du kannst dich deiner Lust genussvoll hingeben oder dich auch einfach darüber freuen, dass da noch so viel Kraft in dir steckt: „Willkommen Energie, du bist ja doch noch da!"

Sinn des Lebens

Die Trauer um einen verstorbenen Menschen, manchmal auch die Trauer um ein verstorbenes Tier, kann uns mit den elementaren Fragen des Lebens in Kontakt bringen: Warum gibt es überhaupt Leben auf dieser Erde, in diesem Universum? Wozu das Ganze? Was ist der Sinn des Lebens?

Diese Fragen nach dem Sinn äußern sich manchmal zunächst im Kleinen und werden allmählich immer größer: Wozu noch aufräumen, wozu den Haushalt machen? Welchen Sinn hat meine Arbeit jetzt noch? Warum soll ich überhaupt morgens aufstehen? Wozu noch weiter auf der Welt sein? Wozu diese Einsamkeit aushalten und die Schmerzen? Es kann aber auch sein, dass sie sich in umgekehrter Reihenfolge aufdrängen und die großen Fragen nach dem Sinn des Lebens sich schließlich auf die kleinen Dinge des Alltags auswirken.

Oft gesellt sich Bitterkeit dazu und das Gefühl, um den Sinn des Lebens betrogen worden zu sein. Und das trifft ja auch zu: Denn wenn wir einen Menschen verlieren, der uns lieb und wertvoll war, verlieren wir auch ein Teil dessen, was unser Leben ausgemacht und geprägt hat. Das tut weh, das geht tief, das ist gemein.

Plötzlich auf das eigene Leben reduziert, stellen sich die Fragen nach dem Sinn des Lebens natürlich anders als zuvor. Manchen hilft die Religion, manche kehren sich von ihr ab, manche verfluchen alles, was Schöpfer und Schöpfung umfasst, andere halten sich an die Vision, dass es nach dem Tod weitergehen könnte.

So nüchtern oder unzulänglich deine Antworten im Augenblick auch ausfallen oder dir erscheinen mögen: Wenn sich dir die großen Fragen des Lebens stellen, hast du einen wichtigen Meilenstein auf deinem Trauerweg erreicht, denn deine Perspektive hat sich wieder verändert. Das kann dich einerseits erst einmal überfordern, andererseits ist es ein gutes Zeichen. Denn es stellen sich dir jetzt wichtige Fragen, die dir weiterhelfen können: Was trägt mich im Leben? Worauf könnte ich ein neues Lebensfundament für mich zu bauen versuchen? Welche weiteren inneren Ressourcen kann ich finden und nutzen? Gibt es da noch mehr für mich?

Und wie immer auf deinem Trauerweg gilt auch hier: Es ist überhaupt nicht wichtig, jetzt die perfekten Antworten zu finden – überhaupt könnte es für Antworten aller Art zu früh sein. Aber schon die Fragen allein bringen dich weiter.

Anders nach Sinn fragen

Viktor Frankl holt die Frage nach dem Sinn auf die persönliche Ebene. Er fordert uns auf, nicht den Sinn des Lebens an sich zu suchen, sondern den persönlichen Sinn des eigenen Lebens.[13] Die Autorin Barbara Pachl-Eberhart kehrt die Frage „Warum ist ausgerechnet sie/er gestorben?" in die Frage „Warum, glaubst du, hat sie/er überhaupt gelebt?" um.[14] Genauso kannst auch du deine großen Fragen nach dem Sinn des Lebens neu betrachten: Welchen Sinn, liebes Leben, gebe ich dir zurück – trotz alledem! –, wenn du mir schon keinen anbietest?

Sozialleben

Während du um einen lieben Menschen trauerst, geht für andere Menschen das Leben einfach weiter. Sie gehen ins Büro, treffen sich in Restaurants und Cafés, laden andere zu Festen ein und werden eingeladen. Das Geplauder bei diesen Anlässen ist für Trauernde oft eine große Herausforderung. Häufig ziehen sie sich lieber zurück, als sich dem auszusetzen. Aber die selbst gewählte Einsamkeit ist nicht weniger belastend. Denn eigentlich könnten sie den Kontakt zu Menschen gut gebrauchen – nur nicht so oberflächlich.

Der Schriftsteller Julian Barnes berichtet in seinem Buch „Lebensstufen“ davon, wie er sich einige Wochen nach dem Tod seiner Frau von Freunden ins Theater bringen ließ. Sie begleiteten ihn bis zu seinem Platz und holten ihn nach der Vorstellung dort wieder ab. Denn so sehr der Literat das Theater liebte: Das Foyer mit all den Menschen darin war ihm unerträglich.[15]

Ob du am gesellschaftlichen Leben teilnehmen möchtest oder nicht, wirst du immer wieder neu entscheiden müssen. Da mag es Einladungen geben, über die du dich wirklich freust, doch dein Leben ist, solange die Trauer im Mittelpunkt steht, unkalkulierbar. Du kannst nicht wissen, wie du dich an dem Tag, an dem das Fest stattfindet, fühlen wirst. Außerdem ahnst du schon, dass dein Verlust in diesem Rahmen keinen Raum haben wird. Trotzdem schleicht sich bei jeder Absage ein schlechtes Gewissen ein und die Sorge, nicht wieder eingeladen zu werden.

Diese Sorge ist verständlich, aber in den meisten Fällen unbegründet. Nimm dir die Freiheit, kurzfristig zu- oder abzusagen oder dich auch wieder umzuentscheiden. Du darfst früh gehen, wenn dir danach ist. Du musst dich nicht an allen Gesprächen beteiligen und kannst dir einen Platz am Rande zu suchen. Du darfst in deiner Krise ruhig etwas exzentrisch sein, so wie es Künstlerinnen und Künstlern nachgesagt wird – denn du bist derzeit jemand, der die Kunst des Lebens neu lernen muss.

Selbstbewusst mit Einladungen umgehen

Stimme dich vorher mit den Gastgebern ab, wenn du eine Einladung annehmen möchtest. Du kannst um Verständnis bitten, dass du nicht lange bleiben wirst, und schon vorher einen „französischen Abschied" vereinbaren, das heißt, du gehst einfach ohne dich zu verabschieden.
Du kannst jede Einladung als Chance sehen, den Kontakt selbst zu gestalten – indem du eine freundliche Absage mit einer Gegeneinladung verbindest, bei der du das Setting auswählen kannst. Teile deine Freude darüber mit, eingeladen worden zu sein, aber bitte um Verständnis, dass Veranstaltungen mit vielen Menschen noch nichts für dich sind. Gleichzeitig kannst du der oder dem Einladenden vermitteln, wie sehr du dich über ein Wiedersehen freuen würdest, und zu einem Kaffee zu zweit gegeneinladen.

Spiritualität

Einer der verwaisten Väter, die ich kenne, ist felsenfest davon überzeugt, dass er am Ende seines eigenen Lebens seinen verstorbenen Sohn wiedersehen wird. Es ist diese Überzeugung, die ihn überhaupt weiterleben lässt, allem Kummer zum Trotz. Manche Menschen finden angesichts des Todes einen neuen Zugang zur Spiritualität. Andere dagegen verlieren ihren Glauben dadurch. Ein schmerzhafter Verlust wirkt bei fast allen irgendwann in die Tiefe hinein. Zu einem Trauerprozess kann die Auseinandersetzung mit Fragen gehören, die das Leben übersteigen.

Visionen über das Jenseits gehören seit jeher zum Hoheitsgebiet der Religionen. Sie beantworten die Frage, die sich irgendwann fast allen Menschen stellt: wo wir unsere Toten jetzt verorten können. Damit umkreisen sie die großen Menschheitsfragen, die seit Jahrhunderten im Zentrum jeder Spiritualität stehen.

Es wird oft gesagt, Spiritualität könne im Trauerprozess zu einer wichtigen Ressource werden. Offen bleibt dabei – wie fast immer, wenn dieser Begriff fällt – was genau damit gemeint ist. Denn Spiritualität ist ein sogenannter Containerbegriff: Jeder befüllt ihn mit einer persönlichen Deutung. Für manche ist der Begriff gleichbedeutend mit einer verfassten Religion inklusive eines gestaltenden Gottes, für andere verbirgt sich dahinter eine individuelle Mischung aus Elementen verschiedener Glaubensrichtungen. Allen gemeinsam ist die Suche nach Transzendenz und nach Deutungen, die über den alltäglichen Bezugsrahmen hinaus etwas Größeres anbieten.

Und Spiritualität ist heute vor allem eins: Ein Wachstumsmarkt, der eine ebenfalls wachsende Nachfrage nach Sinn bedient. Selbsternannte Erleuchtete bespielen Youtube- und Instagramkanäle und erfreuen sich einer wachsenden

Anhängerschar. Manche von ihnen füllen bei ihren Vorträgen riesige Hallen. Aber auch sie lassen den Spiritualitätsbegriff – bewusst – offen. Einige dieser „Speaker" versprechen eine allzu einfache Heilung, auch im Trauerprozess. Hier ist Vorsicht angebracht. Denn Trauer braucht in der Regel viel Zeit und Seelenraum, rasches Raus- oder Vorankommen ist da gewiss nicht hilfreich.

Auch im Raum der Spiritualität sollen Menschen im Trauerprozess ihre eigenen Ideen entwickeln dürfen, meine ich. Lass dir keine vorgefertigten Lösungskonzepte aufdrücken und schau stattdessen, was für dich stimmig ist und sich richtig anfühlt.

Bau mit Legosteinen

Spiritualität ist heute eine Frage der individuellen Einstellung. Du kannst die Deutungsangebote der Religionen und alten und ebenso der neuen Lehren als deine persönlichen Legosteine sehen, aus denen du dein Spiritualitätskonzept zusammenbauen kannst. Die Suche nach den passenden Bausteinen kann ein wichtiger Prozess für dich werden, vielleicht dauert er lange, vielleicht sogar dein ganzes Leben. Das liegt ganz bei dir. Manchmal ist das Suchen erfüllender als das Finden.

Suizid

Über Suizide zu sprechen ist ein Tabu. Das muss anders werden, denn erstens ist der Suizid ein viel, viel häufiger vorkommendes Phänomen als man oft denkt, und zweitens würde es wahrscheinlich weniger Suizide geben, wenn wir offener damit umgehen würden. Verzweifelte Menschen würden sich vielleicht eher trauen, rechtzeitig über ihre Situation zu sprechen.

Alle 53 Minuten nimmt sich ein Mensch in Deutschland das Leben, in Österreich und in der Schweiz sind es täglich bis zu drei Menschen. Es sterben mehr Menschen durch einen Suizid als bei einem Verkehrsunfall und je nachdem, welche Altersgruppe wir betrachten, ist der Suizid sogar die zweithäufigste Todesursache.[16] Die Experten der Deutschen Gesellschaft für Suizidprävention gehen davon aus, dass in Deutschland alle fünf Minuten ein Mensch versucht, sich das Leben zu nehmen. Die meisten Suizidversuche werden von Frauen unternommen, die meisten Suizidtoten dagegen sind Männer. Unter dem Stichwort „Suizid-Paradoxon" wird dieses Phänomen erforscht.[17]

Wenn du vom Suizid eines dir nahestehenden Menschen betroffen bist, sprich darüber. Teile dich anderen mit, auch wenn es Überwindung kostet. Mute es anderen Menschen zu, diese Todesart und deine Trauer wahrzunehmen, ziehe dich nicht ins Schweigen zurück. Du musst dich für nichts schämen, auch wenn du möglicherweise Schuldgefühle hast (mehr dazu im Kapitel Schuld).

Der Suizid eines Menschen muss bei den Hinterbliebenen keinen komplizierteren Trauerprozess zur Folge haben. Doch es gibt besondere Herausforderungen, weil die Warum-Fragen, Schuldgefühle, eigenen Sterbewünsche oder traumatischen Flashbacks besonders quälend sein können.

Eine Bemerkung zu unserer Wortwahl liegt mir am Herzen: Wir sollten die Begriffe „Selbstmord“ und „Freitod“ nicht verwenden. Denn einen Mord verurteilen wir in unserer Gesellschaft und damit würden wir einem Menschen, der für sich keinen anderen Ausweg sah, unrecht tun. Und da ein Suizid fast immer die Folge einer schweren Erkrankung wie einer Depression oder Ausdruck eines kurzen Moments großer Hilflosigkeit ist, sind die Menschen, die diesen Schritt gehen, in ihrer Wahl nicht frei, sondern im Gegenteil in inneren Schleifen gefangen und getrieben.

Erste Hilfe für Hinterbliebene nach einem Suizid

Auf den Internetseiten der „Angehörigen um Suizid" (AGUS) findest du Berichte von Betroffenen sowie von Fachleuten verfasste Broschüren, kostenlos zum Downloaden oder zum Bestellen. Außerdem haben die Agus-Verantwortlichen zahlreiche Selbsthilfegruppen in ganz Deutschland eingerichtet.
www.agus-selbsthilfe.de

Tagebuch

Tagebücher haben eine immense Kraft. Sie geben uns gute Impulse für die persönliche Entwicklung, auch wenn wir uns nicht in einer seelischen Krise befinden. Für mich ist es essenziell, Tagebuch zu schreiben. Mein Tagebuch ist mein ausgelagertes Gedächtnis. Außerdem schult es immer wieder meine Wahrnehmung dessen, was meine Tage wertvoll gemacht hat. Ganz praktisch ist mein Tagebuch auch der Ort, an dem ich alles sammle, woran ich denken muss. Und weil ich ständig versuche, drei bis vier Leben in eines zu packen, braucht mein fiebriger Wesenskern diese leeren Seiten auch zum Festhalten flüchtiger Gedanken.

Judith Holofernes, die als Sängerin der Band „Wir sind Helden" bekannt wurde, hat der Süddeutschen Zeitung verraten, dass sie sogar drei Tagebücher gleichzeitig benutzt.[18] Morgens direkt nach dem Aufwachen schreibt sie drei Seiten in Buch Nummer eins. Im zweiten Tagebuch sammelt sie Ideen für Musik oder Texte. Und das dritte birgt eine Sammlung von Zitaten aus Podcasts, Interviews oder Büchern.

In der Trauer kann ein Tagebuch ein gutes Ventil für die unfassbare Menge an Gedanken und Gefühlen sein, die dich umtreiben. Es geht nicht darum, etwas Lesenswertes für andere zu schaffen. Du schreibst für dich. Einfach losschreiben, ohne Druck – das kann helfen, Gedanken zu sortieren. Lass es ungefiltert aus deinem Kopf, deinem Herz und deiner Seele strömen. Danach kannst du mit leicht verändertem Blick auf deine Innenwelt schauen. Und Herz, Seele und Kopf sind entlastet, fühlen sich ein wenig freier.

Welche Tagebücher dir in deiner Trauer nützlich sein könnten

- Dein Immerhin-Tagebuch. Sammle die Immerhins deiner Tage. Immerhin einmal rausgegangen. Immerhin etwas zu essen gekocht. Unterschätze niemals die Kraft eines Immerhins.
- Dein Trauerschmerz-Tagebuch. Ermittle jeden Tag – ähnlich wie beim Fiebermessen – deine Trauertemperatur und notiere sie. Was verändert sich?
- Dein Anklage-und-Wut-Tagebuch. Raus damit. Schreie schreibend auf die Seiten. Brüllen geht auch in Großbuchstaben. In fettem Schwarz oder grellem Rot, ganz wie es dir guttut.
- Dein Festhalten-Tagebuch. Wenn du Angst davor hast zu vergessen, schreib! Was du einmal geschrieben hast, wird bleiben. Es geht nicht weg.
- Dein Was-ich-dir-noch-sagen-wollte-Tagebuch. Brian Wilson von den Beach Boys singt: „Wir haben niemals genug Zeit für die Menschen, die wir lieben."[19] Ja, es bleibt immer etwas ungesagt. Schreib es auf.

Kannst du nachts nicht schlafen, weil die Gedanken rotieren? Erinnerst du dich an etwas, das zu verlieren dir Angst macht? Lege ein leeres Notizbuch neben dein Bett. Wenn du wieder wachliegst: Licht an. Aufschreiben. Gib den Dingen einen Platz, dann kannst du besser wieder einschlafen.

Tapfer

Menschen in einer Trauer- und Verlustkrise bekommen oft Sätze zu hören, mit denen sie nicht viel anfangen können: „Wahnsinn, dass du das alles aushalten kannst!“ Oder: „Wie tapfer du bist!“ Doch was bleibt den Hinterbliebenen auch anderes übrig? Einfach alles hinwerfen und zusammenbrechen geht nun einmal nicht. Selbst wenn einem gelegentlich danach wäre. Was bleibt Eltern, die ein Kind verloren haben? Was bleibt, wenn ein geliebter Mensch schmerzhaft fehlt? Oft nur Pragmatismus. Weitermachen. Weiterleben.

Häufig wird dieser notwendige Pragmatismus mit Tapferkeit verwechselt. Aber Trauer und Tapferkeit passen nicht zusammen. Es ist etwas anderes, ob ich eine Spritze in den Arm bekomme und kurz die Zähne zusammenbeiße oder ob ich mit dem Tod eines geliebten Menschen konfrontiert bin.

„Ist nicht schlimm, tut nicht weh!“ Solche Sätze sagen Eltern oft reflexartig, wenn ihr Kind hingefallen ist oder sich anderweitig wehgetan hat. Doch damit werden sie ihrem Kind in seinem Erleben nicht gerecht. Denn es ist erschrocken und empört, etwas tut ihm weh und es möchte nun Trost erfahren. Der wird ihm verwehrt, weil die Eltern die Empörung des Kindes kleinreden. Die Eltern wehren ab, was tatsächlich ist. Dem Kind dagegen würde es helfen, wenn die Eltern seine Gefühle respektieren und sie ins Wort bringen würden, sodass das Kind sie selbst benennen könnte.

Wenn einem Kind gesagt wird, seine Gefühle seien gar nicht so schlimm, das Kind selbst es aber anders wahrnimmt, beginnt es, sich innerlich von den eigenen Gefühlen zu trennen. Es bekommt keine Chance, seine Gefühle kennenzulernen, sie anzunehmen und zu lernen, mit ihnen umzugehen. Die Seele bekommt nicht, was sie so dringend benötigt: Wahrnehmung, Anerkennung des Schmerzes, Trost.

„Ist nicht schlimm, tut gar nicht weh“, hören oft auch trauernde Erwachsene von Menschen, die es gut mit ihnen meinen, aber ihnen so nicht guttun. Zwar tragen die Sätze jetzt ein anderes Gewand, zum Beispiel: „Ihr hattet doch eine so schöne Zeit zusammen.“ Der zugrundeliegende Reflex ist jedoch derselbe: Abwehr.

Mein Rat ist: Pfeif auf die Tapferkeit. Lebe deinen Trauerprozess, so wie er ist. Wenn du dich nach Trost sehnst, hast du jedes Recht dazu. Lass dir deine Gefühle nicht wegreden.

Die Stimmen deiner Eltern

Wie haben sich deine Eltern verhalten, wenn du dir als Kind wehgetan hast? Hast du echten Trost erfahren? Was haben deine Eltern in solchen Situationen typischerweise gesagt? Hast du sie auch mal hilflos erlebt? Wie sehr? Und erkennst du Zusammenhänge zwischen den Erfahrungen, die du in deiner Kindheit gemacht hast, und deinem Umgang mit Gefühlen heute?

Todestag

Kaum ein Tag im Jahr ist für Menschen in einer Trauer- und Verlustkrise so aufgeladen wie dieser. Trauernde fürchten ihn, weil er all die schlimmen Erlebnisse und Gefühle zurückbringen könnte, von denen sie glaubten, dass sie diese hinter sich gelassen haben. Viele haben Angst davor, wie sie sich an diesem Tag fühlen werden. Und je näher er rückt, desto dringlicher stellt sich die Frage: Wie soll ich ihn gestalten? Was soll ich bloß tun, wenn sich der schrecklichste Tag meines Lebens jährt?

Gleichzeitig wächst bei vielen Trauernden in der Zeit um den Todestag das Bewusstsein dafür, wie lange der Trauerprozess schon andauert. Ein Jahr, zwei Jahre? Soviel Zeit soll schon vergangen sein? Das kann Menschen besonders dann treffen, wenn sie unter dem Gefühl leiden, sich kaum weiterentwickelt zu haben.

Geht es dir auch so? Dann lass dir sagen: Trauer braucht Zeit. Im ersten Jahr geht es vielleicht nur darum, diesen Tag irgendwie hinter dich zu bringen. In den Folgejahren bist du vielleicht schon achtsamer geworden für klitzekleine Veränderungen – immerhin hast du auch diesen Tag schon einmal erlebt.

Die aus Neuseeland stammende Trauerbegleiterin Dr. Lois Tonkin hat ein einfaches, sehr eindringliches Bild entwickelt: Stell dir deine Trauer als Kugel vor. Vielleicht eine schwarze, schwere Kugel, aus Stein oder aus Beton gefertigt. Nun lege diese Kugel in ein kleines Schraubglas. Nach einem Jahr nimmst du die Kugel heraus und legst sie in ein größeres Glas. Und ein Jahr später wieder in ein größeres usw. Die Kugel bleibt immer gleich groß, die Welt um sie herum wächst. Nun gibst du den Gläsern auch einen Namen: Das bist du. Denn du wächst um deine Trauer herum. Lois Tonkin nennt es „Growing around Grief“.[20]

Rituale für den Todestag

- Bitte Menschen, die dir guttun, dich zum Grab oder an den Sterbeort, z. B. ins Krankenhaus, zu begleiten. Überlege, wer das ist, und spricht die Person oder die Personen offenherzig darauf an.
- Vielen Trauernden tut es gut, an diesem Tag einen Brief an den verstorbenen Menschen zu schreiben. Du kannst ihn für dich aufbewahren, ihn an das große Ganze geben, indem du ihn verbrennst oder ihn Freundinnen und Freunden schicken.
- Viele Trauernde kommen erst am Jahrestag selbst darauf, wo sie jetzt am liebsten wären und was sie am liebsten tun würden. Nur ist es dann häufig zu spät, noch etwas aktiv zu gestalten. Vielleicht versuchst du, einige Zeit vorher zu überlegen, ob du zum Beispiel etwas tun möchtest, was der verstorbene Mensch gerne getan hat. Oder etwas, das ihr zusammen gern gemacht habt oder ob du an einen Ort fahren möchtest, wo dieser Mensch gern gewesen ist.
- Du kannst eine Playlist mit Musik, die der verstorbene Mensch mochte, erstellen. Mischst du Musik, die du magst, dazu, ergibt sich eine musikalische Brücke.
- Insbesondere den Todestag solltest du als Anlass zur Selbstfürsorge betrachten: Wenn du dich selbst gut pflegst, pflegst du den Menschen, der die Erinnerungen im Herzen behält.
- Mach dir bewusst: Du hast 364 Tage bereits erlebt – und die nächsten 365 Tage werden kommen. Macht dieser eine Tag wirklich einen so gewaltigen Unterschied? Vielleicht hilft dir dieser Gedanke dabei, den Druck etwas herauszunehmen und die Befürchtungen abzumildern. Vielleicht wird sich der Todestag gar nicht so anders anfühlen als andere Tage, wer weiß?

Trauerarbeit

In unserer Gesellschaft hält sich hartnäckig die Vorstellung, dass man seine Trauer wie eine Arbeit zu erledigen habe, nur eben eine innere Arbeit. Sie geht zurück auf Sigmund Freud, für den diese Seelenarbeit etwas aktiv zu Leistendes war. Diese Trauerarbeit sei unbedingt nötig, weil mit der Trauer eine so große Erschütterung einhergehe, die alles Bisherige infrage stellt. Daher gelte es, die Seele selbst zu reparieren.

Die meisten Trauernden, die ich kenne, geben sich allergrößte Mühe, weiterhin ihr Leben zu leben. Und dann auch noch aktive Seelenarbeit leisten? In der großen Verunsicherung und Kraftlosigkeit, die mit deiner Trauer einhergehen, kann das wirklich abschreckend sein. „Ich hatte keine Kraft zum Arbeiten!“, so beschreibt die dänische Autorin Naja Marie Aidt ihre Gefühle nach dem Tod ihres Sohnes Carl.[21]

Der Begriff „Trauerarbeit“ ist, so meine ich, nicht hilfreich für Trauernde. Zum einen, weil er suggeriert, dass es für den Prozess eine Art erkennbaren Abschluss geben könnte, für den, der nur hart genug arbeitet. Einen solchen Abschluss gibt es aber nicht. Die Veränderungen vollziehen sich meistens eher unmerklich, sanft, subkutan, über einen langen Zeitraum hinweg.

Arbeit klingt zudem nach Machbarkeit, nach etwas, das sich erledigen lässt. Ein Zimmer tapezieren, meine Steuererklärung zusammenstellen – das sind Dinge, die sich machen lassen. Aber die Wirkmächte, die sich an deinem Inneren abarbeiten, wenn du trauerst, sind facettenreich, manchmal undurchdringlich, und es sind sehr viele. So wie das Wetter sind sie einfach da. Hast du schon einmal versucht, das Wetter zu bearbeiten? Trauer ist nicht „machbar“, sie hat kein Ziel, sie ist oft viel zu wuchtig dafür, dass wir sie aktiv angehen könnten. Das ist aber auch gar nicht nötig.

Irgendwann in deinem Leben kann es einen Zeitpunkt geben, an dem du feststellst, dass der Tod des geliebten Menschen ein Teil deines Lebens geworden ist, dass er zu dir gehört und du trotzdem weitergemacht hast. Aber wie viel wir selbst aktiv dazu beitragen können, das ist noch weitgehend ungeklärt. Das meiste geschieht ganz von selbst. Aber es braucht Zeit.

Was du tatsächlich tun kannst

Dem Großen im Kleinen begegnen: Das kann für den Prozess der Trauer bedeuten, dass du nicht diesen gewaltigen Berg, der vor dir liegt, betrachtest, sondern auf das schaust, was du tatsächlich tun kannst. Und es gibt tatsächlich vieles, was du tun kannst. Das meiste davon hat scheinbar nichts mit deinem Trauerprozess zu tun. Doch alles wirkt innen weiter, während du etwas tust – jedes Tun führt dich wieder in die Selbstwirksamkeit zurück. Du kannst über deine Gefühle schreiben, etwas Kreatives tun oder dich der Gartenarbeit widmen. Es sind die kleinen Schritte, die zählen.

Trauerbegleitung

„Zu Ihnen zu kommen, ist wie ins Fitnessstudio zu gehen – am Tag davor suche ich insgeheim noch nach Ausflüchten, warum ich nicht gehen sollte, aber wenn ich hier rauskomme, merke ich jedes Mal, wie enorm gut mir das getan hat." Das sagte mir einmal ein Mann, den ich in seiner Trauer begleitete. Ich habe mich darüber gefreut, denn er brachte damit zum Ausdruck, was ich mir für meine Trauerbegleitungen wünsche: Auch wenn sie herausfordernd für die betreffende Person ist, soll sie nicht nur wirksam, sondern auch wohltuend sein.

Nur wenige Menschen in einer Trauer- und Verlustkrise brauchen wirklich eine professionelle Begleitung. Viele Trauernde finden trotz aller Schmerzen, trotz aller Verzweiflung, trotz aller Verwirrungen ihren Weg. Sie mögen zwar spüren, dass es oft schwer ist, bringen aber dennoch die Kraft auf, diesen Weg zu gehen.

Anderen tut professionelle Unterstützung gut oder sie ist sogar notwendig. Denn Trauer kann einsam machen. Häufig mögen oder können auch sehr empathische Menschen aus dem Umfeld nicht die ganze Wegstrecke mitgehen. Denn Trauer kann viel länger dauern, als Menschen, die nicht betroffen sind, es sich vorstellen können.

Die Kosten einer Trauerbegleitung werden bislang nicht von den Krankenkassen übernommen. Vieles findet im ehrenamtlichen Bereich statt und es tummeln sich viele Anbieter in einem weitgehend ungeregelten Markt. Einzelgespräche bei qualifizierten Trauerbegleitenden sind in der Regel nicht kostenlos, da diese selbstständig arbeiten. Die meisten Trauercafés, Trauergruppen oder Trauerstammtische werden in institutioneller Trägerschaft angeboten oder sind als Selbsthilfegruppen organisiert. Sie sind deshalb meist gebührenfrei.

Was eine Begleitung anbieten kann, ist scheinbar nicht viel und doch ist es wesentlich: Sie kann den Raum geben für die Trauer, die im Alltag oft keinen Platz mehr findet.

Eine Trauerbegleitung finden

- Trauerbegleitende, die sich im Bundesverband Trauerbegleitung (BVT) zusammengeschlossen haben, sind auf der Internetseite des BVTs gelistet: https://bv-trauerbegleitung.de.
- Die Malteser bieten kostenlos und wohnortunabhängig eine Mail-Online-Beratung sowie einen digitalen Info- und Erinnerungsraum an: www.via-trauerbegleitung.de.
- Worauf du achten solltest: Hat die Person, die Trauerbegleitung anbietet, eine ordentliche Qualifizierung, verfügt sie über ein Zertifikat des BVTs, also über eine Ausbildung, die nach den Standards des Bundesverbandes absolviert wurde, oder Vergleichbares?
- In der Regel ist es üblich, ein kostenloses Erstgespräch zu vereinbaren, in dem die weiteren Bedingungen abgeklärt werden. Manchen reicht dieses Erstgespräch schon als erste Intervention. Auch für die Teilnahme an einer Trauergruppe gibt es oft ein Einzelgespräch mit der Leitung im Vorfeld.

Trauerfeier

Mit Trauerfeiern verhält es sich wie mit allen Familienfeiern – es sind Kompromissveranstaltungen, die vielen Ansprüchen, vielen Gästen, vielen verschiedenen Interessen und nicht zuletzt dem verstorbenen Menschen gerecht werden müssen. Nicht immer gelingt das zur Zufriedenheit aller, die an der Feier teilnehmen sollen oder wollen. Und doch sind diese Feiern wichtig: Erst die Trauerfeier sorgt für das finale innere Foto, für den nötigen Abschluss, den Seele und Verstand brauchen, um sich nach einem Verlust ihrer ersten Aufgabe zu widmen: zu begreifen.

Die Trauerfeier findet in der Regel in zeitlicher Nähe zum Tod statt. Wenn du dieses Buch liest, weil du eine nahestehende Person verloren hast, ist sie wahrscheinlich schon vorbei. Wie ist es dir ergangen? Fandest du es furchtbar, dort zu sitzen, hast du Angst gehabt vor dem Moment nach der Trauerfeier, wenn du am offenen Erdloch stehen wirst? So geht es vielen. Konntest du dich kaum konzentrieren – oder hast du dich auf die Feier einlassen und dem Gesagten gut folgen können, hat es dir vielleicht gut getan? Konnte der verstorbene Mensch in der Feier sichtbar werden und ist es gelungen, sein Leben zu würdigen?

Eigentlich ist eine Trauerfeier für dich gedacht – für dich als Freundin oder Angehörige, für dich als Partner oder Elternteil, für dich als jemand, der dem verstorbenen Menschen nahe gewesen ist. Sei nicht verbittert, wenn die Feier diesem Anspruch nicht gerecht werden konnte – deine eigenen Bedürfnisse sind vielleicht ganz andere als die der anderen, die dabei waren. Versuche, alle inneren Erinnerungsbilder der Feier, die dir für deinen eigenen Prozess wichtig erscheinen, zu bewahren.

Es ist einerseits wichtig, andererseits aber auch schade, dass die Trauerfeier so rasch nach dem Tod stattfinden muss.

Das ist für viele noch eine Zeit der großen Überforderung, weil es noch so viel zu erledigen gibt: Versicherungen, Renten, Behörden etc. Deshalb muss die Trauerfeier oft unter Zeitdruck und in einer gewissen mentalen Abwesenheit der Angehörigen geplant werden.

Falls das bei dir der Fall war, kannst du eine weitere Feier in Erwägung ziehen, die später stattfindet, beispielsweise eine Gedenkfeier am Geburtstag der verstorbenen Person oder ein gemeinsames Essen ein Jahr später.

Lass dir von anderen die Trauerfeier „nachschildern"

Lass dir von anderen im Nachhinein berichten, wie sie die Trauerfeier erlebt haben, was sie berührt hat, was ihnen nicht so gut gefallen hat. Du wirst viele unterschiedliche Meinungen hören und viele unterschiedliche Sichtweisen, die dein eigenes Bild der Trauerfeier ergänzen können. Vielleicht wird dir auch jemand von etwas berichten, das du schlicht wieder vergessen hast. Dann kannst du dich auf deine „Trauerdemenz" berufen, die du vielleicht schon am eigenen Leib erfahren hast – sich nicht konzentrieren zu können, vieles sofort wieder zu vergessen, das kann zum Trauerprozess dazugehören.

Trauerorte

Manchmal sind am Straßenrand Unfallkreuze zu sehen, wilde Trauerstätten, geschmückt mit Kerzen, Blumen und Dekoartikeln. In den meisten Bundesländern werden sie von den Behörden geduldet. Sie sind ein sichtbares Zeichen dafür, dass die Trauer der Hinterbliebenen einen Ort braucht. So sehr, dass sie sich wie von selbst einen Platz sucht, an dem sie sich entfalten darf.

Unfallkreuze haben eine besondere Bedeutung, weil sie zugleich die Stätte des Todes markieren. Hier fand der Übergang von unserer in eine andere Welt statt. Den konkreten Sterbeort zu kennen oder ihn aufsuchen zu können, kann für Hinterbliebene hilfreich sein, ist aber aus gutem Grund nicht immer möglich. Bestimmt geht es bei diesen merkwürdigen Verkehrsmeldungen über „Personen auf der Fahrbahn" manchmal um Menschen in einer Trauer- und Verlustkrise, die ihrem dringenden Bedürfnis nachgeben, einen Todesort aufzusuchen – und damit sich selbst und andere in Gefahr bringen.

Trauer braucht Orte. Deswegen bedeutet der Wunsch nach einer anonymen Bestattung, den manche formulieren, weil sie ihren Angehörigen nicht die Last einer zu pflegenden Grabstätte aufbürden wollen, für Hinterbliebene dann doch eine Belastung, eben weil sie keinen selbstverständlichen Ort für ihre Trauer haben.

Doch auch wenn es eine Grabstätte gibt, ist es Menschen nicht immer möglich, dorthin zu gehen, zum Beispiel weil sie einfach zu weit entfernt ist. Dann ist es hilfreich, einen eigenen Trauerort zu finden. Die Suche danach braucht manchmal etwas Geduld. Vertrau darauf, dass du den passenden Ort finden wirst. Er darf sich auch immer wieder einmal ändern.

Hast du einen Ort, an dem du dich der verstorbenen Person besonders verbunden fühlst? Vielleicht suchst du ihn noch. Vielleicht hast du sogar mehrere Orte. Viele Menschen in einer Trauer- und Verlustkrise finden intuitiv die zu ihrer Trauer passenden Orte, und sie spüren, wann welcher Ort hilfreich für sie ist – und wann nicht.

Deine persönlichen Trauerorte

Wo hast du das Gefühl, dem verstorbenen Menschen nahe zu sein? Welche Orte sind mit schönen Erinnerungen verbunden? Eine Ecke im Garten, die dem verstorbenen Menschen wichtig war, sein Lieblingsplatz, ein Ort in der Natur? Es kann ein Foto und eine Kerze auf der Fensterbank sein oder auch ein ganzes Zimmer als Trauerort. Alles darf sein und kann guttun. Achte nur darauf, nicht deiner ganzen Wohnung oder dem ganzen Haus einen musealen Charakter zu geben. Es sollte parallel noch Räume für dich und deine Entwicklung geben. Denn du selbst bleibst wichtig – in dieser Welt. Wenn du beidem – deiner Trauer und deiner Entwicklung – Raum gibst, wirst du deinen Trauerweg gut gestalten können.

Trauerjahre

Es stimmt schon, was viele sagen: Das erste Trauerjahr ist besonders schmerzhaft. Und all das, was da passiert, ist fremd. Die Verunsicherung und Orientierungslosigkeit kann groß sein. Doch auch die folgenden Jahre verlangen den Trauernden viel ab. Meiner Meinung nach sind das erste und das zweite Jahr nach dem Tod eines geliebten Menschen zusammen zu betrachten: Das erste Trauerjahr als die Zeit, in der vieles schmerzlich neu ist und du neue Erfahrungen machen musst – und das zweite Trauerjahr als die Zeit, in dem du festigen kannst, was du bisher geschafft hast.

Im ersten Jahr durchschreiten wir einen Zyklus des Neuen, der von großem Schmerz geprägt sein kann. Im zweiten Jahr beschreiten wir einen Weg, den wir immerhin schon einmal gegangen sind. Wir können auf die Erfahrungen des ersten Jahres aufbauen. Immerhin hast du dann die neuralgischen Tage schon einmal durchlaufen, die dich anfangs noch so geängstigt haben: Todestag, Jahrestag, Geburtstag, die Feiertage, all das. Und wir finden möglicherweise erste zarte Spuren von Ermutigung, die im ersten Jahr noch ganz verschüttet waren.

Im ersten Jahr nehmen wir schmerzhaft wahr, dass vertraute Rituale nicht mehr existieren. Im zweiten Jahr können wir staunend feststellen, dass wir neue Rituale entwickelt haben. Deswegen vermissen wir die alten nach wie vor, aber das Pendel schlägt öfter und stärker in die neue Richtung hin zum Leben und weg vom Verlust aus.

Die Trauer wird deshalb nicht gänzlich verschwinden und es wird wohl weiterhin wehtun. Doch die Wunde im Inneren blutet vielleicht nicht mehr so stark. Oder aber der Verlustschmerz intensiviert sich im zweiten Jahr – auch davon haben mir Trauernde berichtet.

Auch für die Anzahl der benötigten Trauerjahre gibt es keinen allgemein gültigen Leitfaden, es gibt nur deine Trauer und deinen Weg. Manche Menschen brauchen drei Jahre oder vier, bis sie das Gefühl haben, dass die innere Wunde langsam zu vernarben beginnt. Manchen reichen die ersten zwei Jahre. So oder so ist es eine lange Zeit, zumal in einer schnelllebigen Gesellschaft wie der unseren. Wichtig ist, dass du geduldig mit dir bist. Deiner Trauer wird es guttun, wenn sie sich den Raum nehmen kann, den sie braucht.

Miss den Zeiträumen als solchen nicht allzu viel Bedeutung bei. Für dich und deine Trauer zählt vor allem der gegenwärtige Augenblick. So schmerzvoll oder so verblasst, wie die Trauer jetzt gerade ist, so ist es jetzt eben. Der nächste Augenblick kann wieder ganz anders sein. Und der nächste. Und der nächste.

Neue Erfahrungen sammeln

Schreibe immer wieder auf, welche neuen Erfahrungen du in deiner Trauer machst. Gute wie schlechte. Sie zeigen dir, dass du auf deinem Trauerweg unterwegs bist. Schreibe sie auf einen Zettel und lege diesen in das Kästchen oder liste sie in deinem Notizbuch auf. Wenn du gelegentlich einen Blick hineinwirfst, kannst du feststellen, wie viel du bereits bestanden, ertragen, erlebt und gelernt hast. Du bist auf einem Weg des Lernens. Er führt dich irgendwohin.

Trauermodelle

Trauer verläuft nicht in Phasen. Von dieser Idee hat sich die Forschung inzwischen verabschiedet. Zwar hatten die Phasenmodelle insofern ihre Berechtigung, als sie viele der Gefühle, die in einem Trauerprozess aufkommen können, zutreffend beschreiben konnten. Aber die Modelle vermittelten meist, dass Trauer wie eine lineare Entwicklung abläuft. Dabei wurde außer Acht gelassen, dass ein Trauerprozess immer ein Vor und Zurück ist. Zudem gibt es bei Trauer keinen finalen Abschluss, wie ihn diese Modelle suggerieren.

Trauer verläuft eher in Wellen als in Phasen. Es gibt inzwischen mehrere alternative Trauermodelle. Drei davon stelle ich ganz kurz vor:

1.) Das „Gezeitenmodell®“ von Dr. Ruthmarijke Smeding[22]: Die Trauerforscherin hat vier Entwicklungszeiten beschrieben, die trauernde Menschen in ihrem Prozess durchleben – vergleichbar mit den Jahreszeiten wechseln sich diese in einem gewissen Rhythmus ab, kehren aber auch zurück. Wie durch ein Labyrinth durchschreiten wir immer wieder die verschiedenen Zyklen, verändern uns jeweils ein kleines bisschen und bleiben auf dem Weg.

2.) Das „Aufgabenmodell“ von William Worden[23]: Nach Worden ereignet sich ein Trauerprozess nicht passiv an uns, sondern stellt uns vor vier große Aufgaben: den Verlust begreifen, die Gefühle zulassen, mit den Veränderungen leben und dem verstorbenen Menschen einen neuen und guten Platz zuweisen. Worden macht dabei keine Vorgaben, wie lange es dauern kann, eine Aufgabe zu erledigen, oder gar, wie lange es dauern sollte.

3.) Das „Duale Prozessmodell der Trauerbewältigung“ von Dr. Margaret Stroebe und Dr. Henk Schut (DPM)[24]: Stroebe und Schut gehen davon aus, dass die wenigsten

Menschen ausschließlich permanent in der Trauer verhaftet sind, sondern immer auch an einer Wiederherstellung ihres Lebens arbeiten wollen. Wie bei einer Batterie gibt es zwei Pole. Das ist der markante Unterschied zur Depression, in der keinerlei Orientierung heraus aus der Trübnis mehr möglich ist. Nach dem DPM schlägt das Pendel zwischen Trauer- und Lebensorientierung hin und her, mit unterschiedlich starken Ausschlägen.

Du bist dein eigenes Modell

Ich erlebe immer wieder, dass Menschen in einer Trauer- und Verlustkrise empört auf Trauermodelle reagieren. Das liegt daran, dass sie sich und ihr Erleben darin nicht gespiegelt sehen. Sollte es dir genauso gehen, möchte ich dich ermutigen, dich nicht allzu stark von den Beschreibungen anderer beeinflussen zu lassen – es geht um deinen Weg. Modelle sind eben nur Modelle: der Versuch, ein Schema zu finden für Prozesse, die die Betroffenen als chaotisch und verworren erleben. Du findest in einzelnen Modellen vielleicht den einen oder anderen Baustein, der dir entspricht – aber es wird nicht das eine Modell geben, in dem du dich mit deinem individuellen Erleben umfassend wiederfindest.

Trauerweg

Du bist unterwegs. Jeder kleine Schritt auf deinem Weg ist wichtig, auch jeder Rückschritt. Dein Weg geht wahrscheinlich nicht immer geradeaus, nicht immer in eine Richtung. Oft folgen auf einen Schritt nach vorn zwei Schritte zurück. Trauer ist wie eine Wellenbewegung, mal geht es mächtig nach vorn Richtung festem Boden unter den Füßen, mal wieder mit der Strömung hinaus aufs Meer. Und wenn der sich ewig wandelnde Mond kräftig an der Tiede zerrt, wird wieder alles anders.

Auf dem Weg zu sein bedeutet nicht, irgendwo anzukommen, es bedeutet, unterwegs zu sein. Vorwärts, rückwärts, mal hierhin, mal dorthin. Es mag viele Irritationen auf diesem Weg geben. Und viele Fallstricke.

Manche Menschen werden dir sagen, dass du längst weiter sein müsstest. Manche werden sich dafür entscheiden, nicht mehr weiter mit dir unterwegs sein zu wollen, was zusätzlich weh tut. Andere möchten dir gerne helfen, wissen aber nicht, wie. Wieder andere zeigen ihre an sich gut gemeinte Sorge um dich in einer Form, die dich verletzt und verunsichert.

Auf dem Weg zu sein, das ist wahrscheinlich auch für dich manchmal ziemlich ernüchternd. Aber das einzige, was du jetzt tun kannst, ist weiterzugehen: vorsichtig einen Fuß vor den anderen zu setzen in dieser neuen Welt, die sich ohne den verstorbenen Menschen für dich wieder neu zusammensetzen muss.

Deinen Trauerweg kannst du auch als einen inneren Pfad betrachten, der dich tief in die innersten Kammern deiner Seele und damit zu mehr Tiefe führen kann. Vielleicht gelingt es dir mit der Zeit immer besser, dir einfach anzuschauen, was in deinem Inneren geschieht und es so anzunehmen, wie es ist.

Übrigens gibt es zwei tatsächlich begehbare Trauerwege in Deutschland. Beide befinden sich auf Friedhöfen kleinerer Ortschaften, einer in der Gemeinde Brensbach im südhessischen Odenwald und einer in Baden-Württemberg, in Renningen im Landkreis Böblingen. Solche Trauerwege machen Trauer auf besondere Weise erfahrbar und können dazu beitragen, das eigene Erleben besser zu verstehen. In Trauerbegleitungen wird auch oft mit einem auf den Boden gelegten Lebens- oder Trauerweg gearbeitet.

Hilfreich kann auch der Gedanke sein, dass deine verstorbenen Menschen bei dir bleiben – in Form der Gefühle für sie, die dich auf deinem weiteren Weg begleiten. Mal mehr, mal weniger stark, und doch bei jedem Schritt.

Im Labyrinth meiner Seele

Besuche einmal ein begehbares Labyrinth oder besorge dir ein kleines Fingerlabyrinth. So kannst du eine wichtige Labyrinth-Erfahrung körperlich nachvollziehen: Wenn du ein Labyrinth begehst, können deine Augen die Mitte oft schon sehen, aber der Körper muss noch Windung um Windung nehmen, um den Weg dorthin zurückzulegen. Und es dauert meist länger als gedacht. Genauso ist es mit deinem Trauerweg.

Trauma

Wir gehen oft leichtfertig mit dem Wort „Trauma“ um. „Das war echt traumatisch“, sagen wir, um zu beschreiben, dass uns etwas Erschreckendes widerfahren ist. Auch wenn uns etwas tatsächlich zutiefst erschreckt haben mag: Ein Trauma, das medizinisch als solches diagnostiziert werden könnte, entsteht dadurch meistens nicht. Auch der Verlust eines Menschen ist meistens nicht traumatisch. Bei besonders dramatischen Ereignissen – Unfälle, Mord, Katastrophen –, können Menschen allerdings traumatisiert werden oder die Nähe zum Trauma kann so groß sein, dass es notwendig ist, genau hinzuschauen und sich professionell unterstützen zu lassen.

Zwischen Trauer und Trauma gibt es Schnittmengen, doch es ist wichtig, beides zu unterscheiden, wenn es darum geht, die Zustände in der Trauer zu verstehen. Der wesentliche Unterschied liegt darin, ob Körper und Seele in der Lage sind, das Erlebte zu verarbeiten oder nicht.

Bei einem Trauma werden die Seele und der gesamte Organismus regelrecht verletzt, insbesondere das Gehirn. Wenn die Überforderung zu groß wird, schaltet das Gehirn in eine Art Stand-by-Modus.

Die Reize, die auf das Gehirn treffen, werden nicht mehr verarbeitet, sondern bleiben in neuronalen Netzwerken stecken, da diese überfordert sind und nicht mehr arbeiten.

Wie fühlt sich das an? Wie ein permanentes Gefühl der Gefahr, eine ständige innere Anspannung und Schreckhaftigkeit, eine krankhaft gesteigerte Angst. Das Erlebnis, das zur Traumatisierung geführt hat, wird scheinbar ohne Auslöser immer wieder neu erlebt, wobei alles genauso präsent ist wie beim tatsächlichen Geschehen. Zudem kann es zu einer Dissoziation kommen: Traumatisierte Menschen haben oft das Gefühl, nicht mehr Teil der Realität zu sein. Ein Trauma führt häufig in eine Depression. Trauer dagegen löst in der Regel, wenn überhaupt, allenfalls eine vorübergehende Deprimiertheit aus (mehr dazu im Kapitel „Depression“).

Schwer erträgliche Wiederholungsschleifen aus Erinnerungen kennen auch Trauernde: Immer wieder durchleben Betroffene beispielsweise die Situation, als die Todesnachricht überbracht wurde oder der geliebte Mensch verstarb. Wenn sich jedoch nicht zusätzlich die oben genannten Symptome zeigen, liegt kein Trauma vor. Solange im Alltag nach einer gewissen Zeit gelegentlich auch wieder gute Momente möglich sind, können solche Wiederholungsschleifen ein normaler Teil des Trauerprozesses sein.

Flashbacks professionell abklären lassen

Wenn du unter sogenannten Flashbacks leidest – Augenblicke, in denen du blitzartig und vollkommen überraschend wieder voll drin bist in der erlebten Schreckenssituation –, dann ist es wichtig, dir professionelle Hilfe zu suchen. Je heftiger bzw. häufiger die Flashbacks auftreten, desto höher die Wahrscheinlichkeit, dass du ein tatsächliches Trauma erlitten hast – das braucht dann eine andere Begleitung als Trauer, auch wenn die Grenzbereiche fließend sein können. Traumatherapeuten oder Psychologinnen können hilfreiche Anlaufstellen für dich sein.

Verbunden bleiben

Vielen Hinterbliebenen ist es ein Bedürfnis, mit dem verstorbenen Menschen in Kontakt zu bleiben. Es kann für sie eine Notwendigkeit sein, etwas, was ihre Not wendet oder zumindest mildert.

Für viele Trauernde ist es meiner Erfahrung nach selbstverständlich, mit dem toten Menschen zu reden. In ihrem Buch „Trauer: Forschung und Praxis verbinden“ berichten die Trauerforscherinnen Heidi Müller und Hildegard Willmann von Studien, denen zufolge mehr als ein Drittel aller Hinterbliebenen Zwiegespräche mit den Verstorbenen halten.[25] Solange die Betroffenen sich auch der Aufgabe stellen, den Tod akzeptieren zu lernen, ist nichts dagegen einzuwenden.

Die Netflix-Serie „Die Kominsky-Methode“ zeigt in der ersten Staffel zwei ältere Freunde und wie sie mit dem Tod umgehen. In einer Szene sitzt der von Alan Arkin gespielte Witwer abends auf dem Bett und spricht mit seiner toten Frau. Und sie gibt ihm eine Antwort. Ein schönes Vorbild, das Menschen in einer Trauer- und Verlustkrise darin bestätigt, getrost mit der verstorbenen Person zu sprechen.

Das Gefühl, mit dem verstorbenen Menschen verbunden zu sein, kann auch Züge annehmen, die in den Bereich der Metaphysik hineinreichen. Manche Hinterbliebene haben gelegentlich das Gefühl, dass der tote Mensch bei ihnen ist, in welcher Form auch immer: dass er auf dem Bett sitzt, sich als Lufthauch bemerkbar macht oder auf subtile Art und Weise Nachrichten sendet. Manche Trauernde erleben dies öfter, andere haben ein solches Gefühl nur ein einziges Mal.

Kaum jemand traut sich offen darüber zu sprechen – wahrscheinlich weil sie fürchten, dass dieses für sie wertvolle Erleben als Halluzination, Esoterik oder Spinnerei abgetan wird. Dabei spielt es gar keine Rolle, was die Menschen

„in Wahrheit“ in solchen Momenten erleben: Für sie ist es in diesem Augenblick ihre Wirklichkeit. Das ist das Einzige, was zählt. Es ist das Einzige, was wichtig ist – alles andere haben wir als Außenstehende nicht zu bewerten.

Ein Ort für den Menschen, um den du trauerst

Den Toten einen neuen Raum zuzuweisen ist dem Trauerforscher William Worden zufolge eine der zentralen Aufgaben im Trauerprozess. Nimm dies einmal wörtlich: Wo ist der verstorbene Mensch jetzt – für dich? Wo fühlst du dich ihr oder ihm nahe? Möchtest du einen Ort schaffen, an dem du dich der Person besonders nahe fühlst? Wo könnte das sein?

Verstanden werden

Was du während deines Trauerprozesses vor allem brauchst, ist, dich mitteilen zu dürfen und dich verstanden zu fühlen. Meiner Erfahrung nach wünschen sich alle Trauernden, dass ihnen jemand zuhört und sie offen und ohne Hemmungen über ihre Gefühle sprechen können. Leider haben aber die wenigsten Menschen die Gabe, einfach nur zuzuhören. Das wirst du sicher auch schon erlebt haben. Stattdessen fühlen sich viele bemüßigt, von eigenen Erlebnissen zu berichten oder Ratschläge zu geben, die meistens wenig hilfreich sind. Das ist für die trauernde Person schlimm, obwohl es nicht böse gemeint ist: Denn aktives Zuhören ist alles andere als leicht. Doch man kann es lernen. Und mit etwas Übung kann man diese wohltuende Haltung jederzeit einnehmen.

Aktives Zuhören erfordert die Fähigkeit, sich in die andere Person hineinfühlen, mit den Gefühlen des Gegenübers mitschwingen zu können und eine gemeinsame Wellenlänge zu finden. Es geht darum, konsequent in der Welt des Gesprächspartners zu bleiben und nichts Eigenes hineinzumischen.

Wer das einmal erlebt hat, weiß: Ein solches Gespräch tut richtig gut. Das geht tief, das wirkt nach, das lässt uns für ein paar Tage aufatmen.

Möglicherweise gibt es in deinem Umfeld einzelne Menschen, die diese Haltung des aktiven Zuhörens einnehmen und dir solche Gespräche anbieten können. Vielleicht erkennen Menschen in deinem Umfeld aus diesen Zeilen, wie sie dich unterstützen können: Der Mensch, der mit dir spricht – am besten ist er gerade nicht von eigener Trauer betroffen –, muss eine Menge aushalten können. Nicht zuletzt die Angst vor dem eigenen Tod. Denn die wird jedes Mal, wenn wir vom Tod anderer Menschen hören, unwillkürlich in uns wach. Und die meisten Menschen versuchen dann unbewusst, alles, was damit zu tun hat, weit von sich zu schieben. Ein nicht von Trauer betroffener Mensch sollte dir gegenüber möglichst die Haltung einnehmen: weg von sich selbst und hin zu dir. Er sollte sich ganz dir zuwenden: „Ich möchte wissen, wie du dich fühlst, vielleicht magst du es mir erzählen?“

Mitteilen, was dir guttut

„Du fragst dich vielleicht, was mir jetzt wirklich gut täte." Mit diesen Worten könntest du einen Brief an eine gute Freundin oder einen guten Freund oder vielleicht sogar an alle dir nahestehenden Menschen beginnen. Sie sind wahrscheinlich unsicher, was sie dir in deiner Trauer Gutes tun können. Du tust ihnen einen Gefallen, wenn du es ihnen mitteilst. Vielleicht brauchst du jemanden, der dir zuhört, ohne dich gleich trösten zu wollen. Vielleicht möchtest du gar nicht reden, aber beim Schweigen nicht alleine sein. Es fällt den Menschen in deiner Umgebung leichter, deine Bedürfnisse zu erfüllen, wenn sie darum wissen.

Verzweiflung

Wenn du einen dir lieben Menschen verloren hast, kann es sein, dass du an allem zu zweifeln beginnst. Dass du keine Perspektive mehr siehst, sondern nur endlose Gedankenschleifen voller Ängste und Sorgen.

Seelische Krisen gehen fast immer mit einem gewissen Maß an Verzweiflung einher. Doch irgendwann werden sich die Situation und die Empfindungen verändern. Auch wenn sich Hoffnungslosigkeit und Zweifel scheinbar hartnäckig in uns festgesetzt haben: Sie werden ihre Übermacht verlieren. Darauf kannst du setzen. Auch wenn es, wie alles in einem Trauerprozess, sehr lange dauern kann.

Leider ist es ein Merkmal der Verzweiflung, dass sie den Glauben daran, dass sich alles auch wieder zum Guten verändern kann, zunichte macht. Es ist ein Teufelskreis. Gerade diese durch die Krise ausgelöste Hoffnungslosigkeit ist oft unerträglich, Betroffene klammern sich an jeden Strohhalm, um sie irgendwie zu „bewältigen". Sie wollen das wegdrücken, was sich da im Inneren ausgebreitet hat, zur Not mit Alkohol oder Medikamenten.

Aber Verzweiflung lässt sich – wie Trauer – nicht bewältigen. Denn das hieße, dass du Gewalt anwendest gegenüber einem Zustand und Prozess, der für dich bedeutsam ist. Du würdest dich gegen dich stellen, gegen das, was gerade in dir ist.

Wenn du sehr verzweifelt bist, kann es ein erster hilfreicher Schritt sein, dir einzugestehen, dass du am Ende bist. Versuche, die Verzweiflung zu akzeptieren. Das hat nichts mit Aufgeben zu tun, sondern ist vielmehr der bewusste Entschluss, sich mit neu entfachter Wut und neuem Lebenswillen auf den nächsten Schub der Verzweiflung einzustellen. Wann immer der auch kommen mag. Du kannst überlegen, ob du Hilfe benötigst, ob du eine Freundin oder einen

Freund um Hilfe bitten magst. Oder, ob du professionelle Hilfe, eine Trauerbegleitung oder Trauergruppe aufsuchst.

Wie du mit Verzweiflung umgehen kannst

- Versuche von Tag zu Tag zu leben. Die Dunkelheit in dir ist immer nur die Dunkelheit des Augenblicks. Schon morgen oder in wenigen Stunden kann sich wieder eine Spur von Grau in das tiefe Schwarz hineinmischen.
- Erlaube dir deine Portion Selbstmitleid. Menschen in einer Trauer- und Verlustkrise gebührt Mitleid – auch dir selbst dein eigenes.
- Such dir Hilfe durch Gespräche, möglicherweise auch professionelle, aber keine chemische Hilfe in Form von Tabletten, es sei denn, sie werden dir von deinem Arzt oder deiner Ärztin empfohlen.
- Geh raus, geh raus, geh raus: Deine innere Dunkelheit ist draußen gleich stark wie drinnen. Aber um dich herum kann es ein klein wenig heller werden. Das verändert deine Empfindungen und du wirst spüren: Auch die tiefste Verzweiflung ist veränderlich.

Warum

Warum gerade er? Warum gerade jetzt? Warum so früh? Warum musste gerade sie sterben? Warum nicht ich selbst? Warum ist die Welt so ungerecht? Warum tut es so schrecklich weh? Warum hört es nicht auf? Warum, warum, warum … Und schließlich die komplizierteste aller Warum-Fragen: Warum überhaupt über das Warum nachdenken, wenn es doch keine Antworten darauf gibt? Und warum kommen mir diese Fragen immer wieder in den Sinn? Warum …

Wohlmeinende Menschen aus dem Umfeld sagen dann oft: „Es nützt nichts zu grübeln, du solltest lieber nach vorne schauen und versuchen, dein Leben weiterzuleben!“ Doch das ist kein guter Rat (wenn er nicht erbeten wurde, sowieso nicht). Denn diese Warum-Fragen in endlosen Gedankenschleifen erfüllen eine Funktion. So schmerzlich sie sind und so sinnlos sie auch scheinen, sind sie doch ein Zeichen dafür, dass sich dein Innenleben langsam auf die nächsten Schritte in deinem Prozess vorzubereiten beginnt. Die Erschütterungen nach dem Tod eines Menschen können so groß sein, dass unsere bisherigen Gewissheiten, unser Vertrauen in die Welt, davon berührt sind. So gesehen ist es eine natürliche Konsequenz, einfach alles infrage zu stellen. Auch wenn es keine Antworten gibt.

Die Autorinnen Heidi Müller und Hildegard Willmann berichten in ihrem Buch „Trauerforschung“ von der Studie des amerikanischen Forschers L.G. Calhoun und seines Teams, die zum Ergebnis kommt: Grübeln gehört zum Prozess dazu, negatives Grübeln schadet zwar eher, aber wenn sich das Grübeln auf die Sinnfragen des Lebens bezieht, kann es auch hilfreich sein.[26]

Einerseits verankern dich die vielen Warum-Fragen im Schmerz und in der Vergangenheit, gleichzeitig sind sie der erste Schritt in deine Zukunft, weil sie dich – ganz langsam –

dahin führen, zu begreifen, was geschehen ist. Der Zugang dorthin ist schwierig. Deine Warum-Fragen sind die Brücke.

Bewusstes Einstreuen eines anderen „W"

Grübelschleifen laufen immer weiter, das ist ihre Natur. Dennoch bist du ihnen nicht machtlos ausgeliefert. Fühlst du dich wieder einmal in deinen Warum- und Wieso-Fragen gefangen, kannst du bewusst einige andere Fragen einflechten: *Wie* kann ich jetzt mit meiner Trauer weiterleben? *Was* brauche ich dafür? Dabei geht es erst einmal gar nicht darum, gute Antworten zu finden. Diese Fragen wirken allein dadurch, dass du die Endlosschleifen kurz durchbrichst. Du kannst gelegentlich auch ein *„Wofür"* als Frage einstreuen, vielleicht später, wenn du nicht so sehr erschöpft bist.

Weihnachten

Den meisten Menschen, die um eine geliebte Person trauern, ist nicht danach zumute Weihnachten zu feiern. Am liebsten würden sie es einfach ausfallen lassen, jedenfalls ist es unvorstellbar, alles „wie immer“ zu machen. Es ist ja eben überhaupt nicht wie früher, da ein geliebter Mensch fehlt.

Wenn du um ein Familienmitglied trauerst, dann sind auch weitere Personen in der Familie betroffen, mit denen du vielleicht bisher Weihnachten gefeiert hast. Dabei ist wichtig im Hinterkopf zu behalten: Jeder Mensch hat seine eigene Betroffenheit. Vielleicht bist du immer noch zutiefst erschüttert, während andere Familienmitglieder nicht (mehr) so betroffen sind. Das erfordert von allen viel gegenseitiges Verständnis: Jene, die schon wieder fest im Leben verankert sind, müssen akzeptieren, dass es anderen schlechter geht, und umgekehrt. Und wenn Kinder dabei sind, haben sie natürlich ein Recht auf ein frohes und leuchtendes Weihnachtsfest voller Zauber und Aufregung.

Sprich mit den anderen, mit denen du bisher Weihnachten gefeiert hast. Teilt euch eure Bedürfnisse mit. Das ist die einzige Chance, gut für euch zu sorgen.

Du kannst auch für dich entscheiden, Weihnachten tatsächlich ausfallen zu lassen, allein zu bleiben oder wegzufahren. Urlaub in einem anderen Land, ein Aufenthalt in einem Wellnesshotel, der Rückzug in eine Berghütte – niemand muss sich gezwungen fühlen, am Fest teilzunehmen. Wenn die Welt sich neu sortiert, darf auch Weihnachten einen neuen Stellenwert bekommen. Richtig ist, was guttut.

Was an Weihnachten guttun kann

- Die verstorbene Person kann weiterhin einen Platz am Tisch haben. In Amerika gab es lange die Tradition des „Missing Man Table": für einen im Krieg gefallenen Soldaten wurde der Platz am Tisch mit eingedeckt. Das kann auf jede Trauersituation übertragen werden. Der leere Platz macht deutlich, dass der oder die Verstorbene unvergessen ist und weiter dazugehört. Manche Trauernde fühlen sich auch damit wohl, ein Foto des verstorbenen Menschen aufzustellen.
- Du kannst gemeinsam mit anderen Familienmitgliedern Weihnachtsschmuck anfertigen, der an den verstorbenen Menschen erinnert. Z. B. Weihnachtskugeln mit Begriffen beschriften, die ihr mit dem oder der Verstorbenen verbindet.
- Der Gang zum Grab ist für viele Trauernde an Feiertagen wie Weihnachten ein wichtiges Ritual. Vielleicht möchtest du einen Zweig von eurem Weihnachtsbaum zu Hause abschneiden und mit zum Grab nehmen?
- Erlaube dir selbst, Weihnachten so sein zu lassen, wie es dann ist: Es muss nicht immer schön, sondern darf auch traurig sein. Umgekehrt gilt ebenso: Auch in einer Trauer- und Verlustkrise darf Weihnachten schön sein.
- Gehe nicht unvorbereitet in die Feiertage, plane Auszeiten für dich ein, Spaziergänge, Zeit für dich, für deine Erinnerungen. Kommuniziere vorher, dass du dir Auszeiten nehmen wirst, damit du über die Feiertage nicht von anderen verplant und vereinnahmt wirst.

Weinen

Trauer wird oft mit Weinen verbunden. Dabei gibt es durchaus Menschen, die in ihrer Trauer nicht weinen können – es will sich einfach nicht einstellen. Andere fangen bei jedem noch so kleinen Anlass sofort an, bitterste Tränen zu vergießen – und wünschen sich insgeheim, sie müssten nicht so oft losheulen. Und es gibt viele, die irgendwo in der Mitte liegen. Alles völlig normal.

Leider wird gerade um das Weinen manchmal ein viel zu großes Tamtam gemacht. Dem Weinen wird eine kathartische Kraft zugesprochen, die bis ins Esoterische reicht: Man müsse seine Trauer in Tränen verwandeln, damit sie sich aus dem Körper ausspülen lasse; nur wem das gelinge, könne die Trauer bewältigen. Weinen, so heißt es auch, könne letztlich aus der Trauer herausführen. Weinen könne etwas Reinigendes haben, das die innere Erstarrung auflösen kann. Ich halte das alles für Blödsinn. Gefährlichen Blödsinn sogar, denn es setzt Menschen unter Druck. Wie oft habe ich in Trauergruppen Menschen erlebt, die darunter gelitten haben, dass sie eben nicht weinen konnten – und die sich noch schlechter fühlten als ohnehin, weil dieser Druck sie zusätzlich belastete. Das waren meistens Männer, zugegeben; aber durchaus nicht nur Männer.

Ob du weinen kannst oder nicht, sagt gar nichts über deine Trauer aus. Nichts über die Intensität, nichts über die Schwere, nichts über die Tiefe deiner Trauer. Es ist möglich und menschlich, über viele Jahre lang eine tiefe Trauer in sich zu tragen, ohne eine einzige Träne zu vergießen. Tränen sind nur das Außen. Das zählt nicht. Weinen ist nicht wichtig. Wenn du weinen kannst, tu es, wenn nicht, lass es. Das ist das einzig wichtige Grundrezept, das du für deinen persönlichen Trauerweg brauchst.

Ritual 1: Meine ungeweinten Tränen

Wenn du zu den Menschen gehörst, denen die Tränen nicht kommen wollen und die darunter leiden, dass es so ist, dann versuch einmal dieses: Lege dir einen Vorrat an kleinen Steinchen oder getrockneten Bohnen an. Jedes Mal, wenn du in dir intensiv eine tiefe Trauer spürst, ob nur kurz oder über mehrere Stunden, legst du eines dieser Steinchen in eine kleine Schachtel. Bald hast du einen sichtbaren Beweis für die Tiefe deiner Gefühle, auch ganz ohne Tränen.

Ritual 2: Die Tränen auswaschen

Wenn du zu den Menschen gehörst, die viel und oft weinen müssen und die das belastet, kann sich Folgendes hilfreich anfühlen: Weine statt in ein Papiertaschentuch in ein Stofftaschentuch. Gib dieses Taschentuch dann bewusst in die Wäsche, wo die Tränen ausgewaschen werden. Nimm das saubere Taschentuch nach dem Trocknen bewusst wieder an dich, um es weiter zu benutzen. So kann sich ein Gefühl einstellen, dass deine Seele durch das Weinen durchgelüftet wird.

Wie geht es dir?

Möglicherweise magst du diese Frage nicht mehr hören. Jedenfalls erzählen mir Menschen in meinen Begleitungen und Trauergruppen häufig, dass sie auf ein simples „Wie geht's dir?" regelrecht allergisch reagieren. Denn was sollen sie darauf auch antworten?

Wenn wir um einen Menschen trauern, bekommt eine so alltägliche Frage, der wir vor dem Verlust wenig Beachtung geschenkt haben, plötzlich ein enormes Gewicht. Denn allein die Frage zeigt, dass und wie sehr deine Welt nun aus einem Davor und einem Danach besteht. Im Danach ist für oberflächlichen Smalltalk, für den ein „Wie geht's dir?" oft als Aufhänger dient, gerade kein Platz. Das Floskelhafte und Unverbindliche, das mit dieser Frage verbunden ist, hat sich durch den Todesfall entlarvt.

Zudem können viele Menschen in einer Trauer- und Verlustkrise wirklich nicht sagen, wie es ihnen geht. Sie haben tatsächlich keine Antwort darauf. Oft können sie ja noch nicht einmal verlässlich sagen, ob sie Hunger haben oder nicht.

Und nicht zuletzt bleibt dir trotz der Frage meistens verwehrt, was dir jetzt wirklich guttäte: dass deine Trauer wahrgenommen wird. Denn dein tatsächliches Befinden möchte man mit dieser lapidaren Frage meistens ja nicht erkunden. Du müsstest dich also verstellen. Dafür fehlt dir aber oft die Kraft – und überhaupt würdest du am liebsten über deinen Verlust und deine Schmerzen reden.

Wenn du dich mit einem „Wie geht's dir?" konfrontiert siehst, versuche doch mal das Folgende: Begleitet von einem kleinen Achselzucken antwortest du freundlich: „Ich fürchte, so viel Zeit haben wir nicht ..." Das lässt alles offen – auch die Möglichkeit, dass vielleicht jemand sagt: „Komm, wir nehmen uns etwas Zeit."

Eine sichere Strategie

Ich selbst habe manchmal einfach keine Lust, auf ein „Wie geht's dir?" zu antworten. Dann setze ich ein freundliches Kommunikationsgesicht auf und antworte: „Und bei dir so?" Meine Antwort lasse ich einfach aus. Und was soll ich sagen? Das merkt niemand. Da ich Offenheit für ein Gespräch signalisiere und die meisten Menschen am liebsten über sich selbst reden, sind sie dann mit ihren Gedanken und dem Gespräch nicht mehr bei mir, sondern ganz zufrieden bei sich.
Überhaupt kannst du dir zunutze machen, dass Menschen gern von sich erzählen – wenn du an den passenden Stellen einige Fragen stellst, musst du kein Quäntchen über dich reden, wenn du das nicht möchtest.

Für Menschen im Umfeld von Trauernden: Was kann ich stattdessen fragen?

- Versuche, möglichst offene, aber sanfte Fragen zu stellen. Zum Beispiel: „Darf ich dich fragen, wie du dich gerade fühlst?" Das ist weniger direkt und weniger oberflächlich und vermittelt ernsthaftes Interesse.
- Versuche dem Impuls zu widerstehen, deine persönlichen Mutmaßungen als Vorgaben anzubieten, etwa mit Sätzen wie: „Heute ist es bestimmt wieder besonders schwer für dich." Das lässt keinen Raum für eine echte Antwort, weil es die Antwort schon vorwegnimmt.

Wut

Eine Frau, deren Mann sich suizidiert hat, erzählte mir, wie sie mit ihrer Wut umgeht: „Ich habe neben meinem Bett einen Tennisschläger stehen. Und immer, wenn mich die Wut packt – diese überschäumende, grenzenlose und maßlose Wut –, dann nehme ich ihn und dresche wie besessen auf unser Bett ein. Das tut mir gut, dann komme ich wieder zu mir."

Viele Menschen, die noch nie einen geliebten Menschen durch den Tod verloren haben, stellen sich Trauer ausschließlich als etwas Stilles vor, als etwas Erhabenes, etwas, das reifen lässt. Die Idee von Wut und Zorn passt da nicht hinein. Aber Wut ist Trauer. Und Trauer kann zu Wut führen.

Es kann dir passieren, dass dich eine Wut überkommt, wie du sie in deinem Leben noch nie gespürt hast. Sie kann ganz plötzlich kommen, mit oder ohne einen Auslöser. Sie kann jederzeit kommen und immer wieder. Und sie kann heftig sein. Sehr, sehr heftig.

Wut zeigt, dass nicht nur Ohnmacht in dir steckt, sondern auch viel Dynamik und Energie. Zugleich kann sich Wut auch aus der Ohnmacht speisen. Es gibt vielfältige Wut in der Trauer: die Wut auf sich selbst oder auf die Welt, die Wut, weil die Schuldgefühle so groß werden, die Wut auf die Ungerechtigkeit oder auf die Verstorbenen, weil sie dich alleingelassen haben.

Wut kann so übermächtig werden, dass sie sich in Attacken von Jähzorn zeigt. Dann erschrickst du vielleicht vor dir selbst – denn im Jähzorn gibt es nichts als Vernichtungswillen. Jähzorn ist erst befriedigt, wenn er zerstört hat. Weil das für dich und für andere gefährlich ist, solltest du Hilfe aufsuchen. Auf diesem Level ist kein Platz für irgendetwas anderes als Wut, Wut und nochmals Wut. Es kann passieren, dass Aggressionen eine schwer zu steuernde Ebene erreichen – dennoch ist natürlich da eine Grenze gegeben, wo andere geschädigt werden.

Die Frau, die für den Wutnotfall stets den Tennisschläger parat hat, ist klug. Ich kenne auch jemanden, der sich einen Boxsack in die Wohnung gehängt hat. Es ist gut, wenn du dir eine oder zwei Strategien zurechtlegst, was du tun kannst, wenn die Wut kommt: Allein dadurch wirst du dich solchen Gefühlen weniger ausgeliefert fühlen und ihnen einen Platz in deinem Leben einräumen. Die Wut ist ja da und dahinter stehen Bedürfnisse (mehr dazu im Kapitel Bedürfnisse), denen du dich dann auch zuwenden kannst.

Strategien für den Umgang mit Wut

- Schreie und tobe wie als Kind. Gönn dir deinen erwachsenen Trotzanfall, schmeiß dich auf den Boden und trampele wie ein Kleinkind, das zum ersten Mal erkennt, dass die Welt manchmal auch mies und ungerecht ist.
- Brülle deine Wut aus dir heraus. Manche Menschen gehen dafür in den Wald, weil dort niemand ist, vor dem oder der es ihnen peinlich sein könnte.
- Probiere einmal das assoziative Schreiben aus. Brülle mit dem Stift deine Wut aufs Papier. Schreibe alles auf, was dir in den Sinn kommt, ohne nachzudenken, ohne Scham, völlig ungehemmt. Nicht, damit jemand das liest – sondern, damit es raus kann.

Zum Schluss

Deine Trauer ist ein Teil von dir. Sie wird bei dir bleiben und sie wird sich immer wieder verändern. Wann und wie – das wird sich ergeben. Dein Weg wird dich eines Tages an eine neue Tür führen, an die du vorsichtig anklopfen kannst. Du hast deine Trauer immer noch im Gepäck, bist aber schon etwas offener für neue Erfahrungen. Irgendwann wirst du in einer neuen Zeit angekommen sein, in einem Leben, in dem du deinen Verlust und deinen Schmerz integriert haben wirst. Vielleicht bist du an manchen Tagen schon dort, an anderen wieder nicht. Vielleicht sind deine Tage noch von Verwirrung und Durcheinander durchzogen. Aber immerhin bist du unterwegs.

Ich bin froh, dass ich dieses Buch schreiben und dich damit auf deinem Weg begleiten konnte, als ich stabil genug dafür war. Irgendwann eines Tages – eines fernen Tages, wenn es gut läuft – werde auch ich wieder Kummer und Schmerz erfahren. Warum sollte ich davon verschont bleiben? Warum sollte irgendjemand verschont bleiben? Dann werde ich vielleicht dieses Buch zur Hand nehmen, hier und da lesen und wahrscheinlich denken: Ja, alles, was hier steht, ist wahr, alles beruht auf Erfahrungen und auf gelebtem Leben. Und trotzdem warst du selbst weit entfernt davon, wie schlimm es wirklich sein kann.

Wie schlimm es wirklich sein kann, darauf kann niemand vorbereitet sein. Auch nicht mit viel Erfahrung. Denn die tritt immer wieder zurück – zugunsten des Lebens. Und du – du bist dann längst weitergekommen auf deinem Weg. So viel weiter. Ich wünsche dir einen guten Weg. Von Herzen.

Zwei Rituale für deinen weiteren Weg

- Schreibe einen Brief an dein zukünftiges Ich. Berichte ihm von deinen aktuellen Fragen, Gedanken und Gefühlen. Überlege dir, welche Fragen du ihm stellen möchtest. Diese Beschäftigung mit der Zukunft und der Frage, wie du dich entwickeln könntest, wird hilfreich dabei sein, deinen Weg zu erkennen. Du kannst den Brief irgendwo hinterlegen, um ihn nach einer gewissen Zeit, vielleicht erst nach Jahren, wieder einmal zu lesen und deinen Weg zu reflektieren.
- Sammle jeden Tag drei Immerhins: Lasse jeden Abend den Tag Revue passieren und notiere drei Kleinigkeiten, die gut oder schön waren. Das Schlechte bleibt weg. Sieh darin eine Art tägliches Wahrnehmungstraining. Es reichen die ganz kleinen Augenblicke: Eine Blume am Wegrand, über die du dich gefreut hast. Eine gute Erinnerung. Ein Duft, den du wahrgenommen hast. Der nette Plausch in der Bäckerei. Mit der Zeit entwickelt dieses Training seine Wirkung, weil du feststellst: Immerhin gab es auch Gutes. Viel Gutes. Es sind die kleinen Dinge, die Großes bewirken.

Anmerkungen

1 Müller, Heide/Willmann, Hildegard: Trauer: Forschung und Praxis verbinden, Göttingen 2016, S. 17–39.

2 Müller, Heidi/Willmann, Hildegard: Trauerforschung: Basis für praktisches Handeln, Göttingen 2020, S. 104.

3 Hoppenstedt, Max: Tausende WhatsApp-Nachrichten lagen ungeschützt im Netz, in: Spiegel online, 13.12.2021, www.spiegel.de/netzwelt/apps/zapptales-tausende-whatsapp-nachrichten-lagen-ungeschuetzt-im-netz-a-e3509ea3-727b-4148-82c5-5847d743cd0f (Stand: 24. 1. 2023).

4 Schmidbauer, Wolfgang: Kann keine Trauer sein, S. 3, https://wolfgang-schmidbauer.de/914/kann-keine-trauer-sein/3 (Stand: 7.11.2022).

5 Sabine Bode, zu nennen sind hier vor allem die Bücher „Die vergessene Generation – die Kriegskinder brechen ihr Schweigen", „Nachkriegskinder – die 1950er Jahrgänge und ihre Soldatenväter" sowie „Kriegsenkel – die Erben der vergessenen Generation", alle erschienen im Verlag Klett Cotta.

6 Bode, Sabine: Kriegsenkel – die Erben der vergessenen Generation, Stuttgart 2013.

7 My next Guest with David Letterman and Volodymyr Zelenskyy, Netflix Special 2022, https://www.netflix.com/de/title/81644272

8 Angebote auf der Website shop.bestattungsmuseum.at (Stand: 23.1. 2023).

9 Zitiert nach: Möllers, Jan/Tillmann, Carmen: Lachen inmitten der Trauer, in: Ohlsdorf – Zeitschrift für Trauerkultur, Themenheft: Das Lachen und der Tod, 2015. https://fof-ohlsdorf.de/titel/2015/128s09_lachen, (Stand: 23.1. 2023).

10 Müller, Heidi/Willmann, Hildegard: Trauer: Forschung und Praxis verbinden, Göttingen 2016, S. 41–62.

11 Mit diesem Satz lässt sich ein Festvortrag zusammenfassen, den Viktor Frankl auf dem 3. Weltkongress der Logotherapie gehalten hat (16.–19. 6. 1983, Universität Regensburg) und der sich wiederfindet in: Viktor Frankl: Der leidende Mensch, München 1990, S. 94.

12 Yalom, Irvin D./Yalom, Marilyn: Unzertrennlich – über den Tod und das Leben, München 2021, S. 232.

13 Frankl, Viktor: Über den Sinn des Lebens, Weinheim 2019, S. 36.

14 Pachl-Eberhard, Barbara: Warum gerade du? München 2017, S. 59.

15 Barnes, Julian: Lebensstufen, München 2014, S. 110.

16 Fröhlich, Sonja: Alle 53 Minuten ein Suizid. In: Hamburger Abendblatt, 7.9.2017, https://www.abendblatt.de/nachrichten/article211843431/Alle-53-Minuten-ein-Suizid.html (Stand: 30.1.2023).

17 Banszcuk, Yasmina: Suizidparadox – Tödliche Geschlechterrolle, in: Spektrum der Wissenschaft, 20.2.2019, https://www.spektrum.de/news/suizid-paradox-toedliche-geschlechterrolle/1620966 (Stand: 30.1.2023).

18 Stremmel, Jan: Tagebuch schreiben mit Judith Holofernes, in: Süddeutsche Zeitung, 10./11.9.2022, S. 46.

19 „The Last Song" aus dem Album „No Pier Pressure".

20 Haley, Eleanor/Williams, Litsa: Understanding Grief: Growing Around Grief, https://whatsyourgrief.com/growing-around-grief/ (Stand: 18.1.2023).

21 Aidt, Naja Marie: Carls Buch, München, 2017, S. 63.

22 Smeding, Ruthmarijke: Trauer erschließen. Eine Tafel der Gezeiten, Esslingen 2010.

23 Vgl. Worden, William: Beratung und Therapie in Trauerfällen. Ein Handbuch, Göttingen ^{5}2017.

24 Vgl. Müller, Heidi und Willmann, Hildegard: Trauer: Forschung und Praxis verbinden. V&R Edition Leidfaden, Göttingen 2016, Seiten 41–63.

25 Müller, Heidi/Willmann, Hildegard: Trauer: Forschung und Praxis verbinden, Göttingen 2016, S. 74.

26 Müller, Heidi/Willmann, Hildegard: Trauerforschung – Basis für praktisches Handeln, Göttingen, 2020, S. 32/33.

Dank

Ohne all die Menschen, die in Einzelbegleitungen, Trauergruppen oder Seminaren ihre Erfahrungen mit mir geteilt und die sich mir mit all ihrer Tiefe anvertraut haben, hätte ich dieses Buch nicht schreiben können. Deswegen gilt ihnen der größte Dank.

Es gibt viele Menschen, die mich großartig unterstützen, wenn ich ein neues Buchprojekt in Arbeit habe, allen voran meine Frau und meine Tochter, die allerlei Ausnahmezustände mit Fünf-Uhr-morgens-Schreibphasen und durchgearbeiteten Abenden ebenso ertragen mussten wie den Umstand, dass ich nicht ständig als Vater oder Ehemann zur Verfügung gestanden habe. Außerdem mein Vater, der seinen Sohn nicht bei allen Besuchen zu Gesicht bekam. Danke euch!

Gleichermaßen geht ein herzliches Dankeschön an meinen Osnabrücker Freundeskreis für das große Verständnis, wenn ich monatelang untertauche. Wie sehr ich mich gefreut habe über jedes „Ich weiß, du bist unter Druck, aber …“

Ein herzlicher Dank geht an meine Literaturagentin Imke Rötger, die mit einem inspirierten E-Mail-Ideenpingpong und dem gemeinsamen Konzeptestricken dazu beigetragen hat, dass ich die letzten Reste meiner Coronajahremüdigkeit habe abschütteln dürfen – und dazu, dass dieses Buch nun so gut geworden ist.

Ein herzliches Dankeschön an meine Lektorin Andrea Langenbacher, deren Arbeit mir immer wieder den von Stephen King gelernten Satz bestätigt: Ein Buch zu schreiben ist nur der erste Schritt – erst in der Überarbeitung wird wirklich ein rundes Werk daraus.

Viktor Frankl zu zitieren, war mir wichtig – die Beschäftigung mit seinem Werk lohnt meiner Meinung nach in jedem Lebenskontext. Und doch war es gar nicht so leicht, an die korrekten Zitatquellen bzw. den korrekten Wortlaut zu kommen. Hierbei hat sich gezeigt, wie wenig verlässlich das Internet doch oft ist. Ein herzliches Dankeschön sei daher János Vik vom Süddeutschen Institut für Logotherapie & Existenzanalyse ausgerichtet dafür, dass er mich mit dem gewünschten Material versorgen konnte.

Meinem Haus-Ohrbeck-Qualifizierungsjahrgang sei herzlich gedankt dafür, dass wir nach all den Jahren noch immer gemeinsam unterwegs sein dürfen, mit viel gegenseitigem Vertrauen und weiterhin wohltuenden Supervisionen, die ebenfalls in dieses Buch mit eingeflossen sind.

Gleich zwei Verluste gab es während der Schreibarbeit an diesem Buch zu beklagen, zwei Menschen, von denen ich viel habe lernen dürfen: von meinem Ex-Nachbarn Hartmut die Herzlichkeit, Menschlichkeit und Bescheidenheit und von meinem Männergruppen-Kamerad Werner die inspirierende Mischung aus Ironie und Tiefe, Melancholie und Lebenslust, Klugheit und Zugewandtheit.

Wir können von jedem Menschen lernen, den wir kennen. Das habe ich spät im Leben begriffen, aber immerhin nicht zu spät. Dafür bin ich dankbar.

Der Autor

Thomas Achenbach, Jahrgang 1975, arbeitet als Trauerbegleiter, Dozent, Buchautor, Blogger, Redakteur und als Vortragender für verschiedene Themen. Er verfügt über eine große Basisqualifikation nach den Standards des Bundesverbands Trauerbegleitung, in dem er auch Mitglied ist.

Seit mehreren Jahren in eigener Beratungspraxis sowie in Gruppenleitungen als Trauerbegleiter unterwegs, hat Achenbach vor allem mit Männern in Trauer zu tun. Sein Buch „Männer trauern anders" erschien im März 2019 im Patmos Verlag, sein Buch „Mitarbeiter in Ausnahmesituationen – Trauer, Pflege, Krise" im März 2020 im Campus-Verlag.

Geboren in München, lebt Achenbach jetzt mit Frau und Tochter in Osnabrück.

Weitere Informationen und einen Link zu seinem Blog auf seiner Website www.thomasachenbach.de

Von Thomas Achenbach ist im Patmos Verlag ebenfalls erschienen:

Männer trauern anders
Was ihnen hilft und gut tut
Paperback
168 Seiten
2. Auflage 2022